船山故里办新学

CHUANSHAN GULI BAN XINXUE

肖高君◎著

安徽师范大学出版社
·芜湖·

图书在版编目(CIP)数据

船山故里办新学 / 肖高君著. — 芜湖：安徽师范大学出版社，2019.11
ISBN 978-7-5676-4458-8

Ⅰ.①船… Ⅱ.①肖… Ⅲ.①中学教育—衡阳—文集 Ⅳ.①G63-53

中国版本图书馆CIP数据核字(2019)第243276号

船山故里办新学　　　　　　　肖高君◎著

责任编辑：李　玲
装帧设计：张　玲
出版发行：安徽师范大学出版社
　　　　　芜湖市九华南路189号安徽师范大学花津校区
网　　址：http://www.ahnupress.com/
发 行 部：0553-3883578　5910327　5910310(传真)
印　　刷：江阴金马印刷有限公司
版　　次：2019年11月第1版
印　　次：2019年11月第1次印刷
规　　格：700 mm×1000 mm　1/16
印　　张：13.5　　插　页：2
字　　数：215千字
书　　号：ISBN 978-7-5676-4458-8
定　　价：39.00元

我校学生参加2019年衡阳市未成年人"传承
红色基因·清明祭英烈"主题教育实践活动

华东师大版初中数学教材区域协作体
"数学特色学校"授牌

佛山市凤城实验学校代表团来我校交流

我校赴湖南工业博物馆开展"青春心向党·
建功新时代"特别主题团日活动

船山实验中学教职工志愿者服务队

船山实验中学2019年春季开学典礼

民族团结一家亲——新疆鄯善县第二中学
教育文化考察团来我校访问

南华大学语言文学学院实践教学基地授牌

狮岭中学邝其彬校长向我校赠送纪念品

肖高君数学名师工作室进高校

肖高君参与"挥别童年，放飞青春"合唱比赛

湛江市滨海中学代表团来我校访问

序
——打造船山密码的人

在衡阳的许多学生和家长眼里,船山实验中学似乎永远是一个谜。这个令人向往的成长摇篮,无比神圣,也无比神秘。

这所湘南名校以明末清初伟大思想家王船山先生命名,前身是船山书院。王船山有着"东方黑格尔"之誉,是"中国古典哲学唯物主义的最高峰"。在王朝更迭的年代,他像一道照耀时空的思想闪电,著书立说,特别推崇办学兴教,主张教育才是国之根本。秉承这样厚重的渊源,一个多世纪以来,船山人不负圣贤英名,经世致用,与时俱进,学校逐渐风生水起,名满三湘。

大凡历经百年传承的名校,除了得天独厚的文脉外,还离不开一代又一代校长的智慧与辛劳。肖高君是学校继往开来的当代这一棒的接力者,是打造新时代船山密码的人,无疑也是历代船山"掌门人"中最优秀和最杰出的代表之一。他带领卓尔不群的团队,将衡阳教育的一座高峰推向令人景仰的新高度。

教育是塑造人的艺术,它的一个使命就是点燃孩子内心的火焰。知名教育家冯恩洪先生在回顾自己多年的教育理论与实践时,颇有感触地说:"从本质上说,创造适合学生的教育是一场革命,是一场走出书本中心、走进学生发展为本的革命,是一场教育的深刻的变革。不管这场革命有多难,我们也要做,因为它关系到国家的命运和前途,是一件重要的、应该放到第一位的工作。"肖高君是从教学实践的第一线走上校长岗位的,自然比许多人更清楚什么才是适合学生的教育,什么才是学校最重要的和学生最需要的。

在船山实验中学的校门口,有一处格外醒目的石刻:教育即服务。与之相匹配的,是学校一以贯之的办学理念与无处不在的精神向标——学生的健康成长和未来发展高于一切,将服务学生和学生的成长摆在至高无上的位置。事实上,这正是肖高君作为船山学海领路人的初心,是他和他的团队一切工作的根本出发点与最终落脚点,是船山区别于其他同道的独特之处,也是船山一往无前的核心密码。

肖高君,这位把自己最美好的青春年华献给了美好船山的校长,效力船山的20余年,也是他不折不扣奉献与探索的20余年。作为基础教育专家,无论是在教育教学理论上还是在教学实践领域,他都多有建树。他撰写的论文多次获得全国和省级一等奖。他还在《中国数学教育》等刊物上发表了许多论文。这么多年来,他始终没有因为繁琐的行政事务而离开讲台,还成立了"肖高君数学名师工作室",并利用这个平台传播先进的教育理念和教学方法,帮助年轻教师解决教与学过程中遇到的问题,开展教育教学重点问题研究,把自己的思想外化到教学实践的各个环节和校园生活的方方面面。

他是打造船山密码的人,当然也知道怎样解开这个密码。与肖高君谈教育,他常常谈到方法与技巧只是技术层面的问题,而德育思想与办学理念才是最根本的基石,可以源源不断地产生新的方法与技巧。是的,作为一个有思想的"当家人",从肩负起校长使命的那一刻起,他就投入了一场全新的探索与实践:注重教学研究,引领教师实现由实践者到研究者的完全跨越;构建多元课程体系,聚焦高效课堂的理论、模式及实施;通过选修课、社团活动、特色活动、心理健康教育等方式,全方位打开学生广阔的内心世界和成长过程中的多维度色彩。

追溯学校历史,回顾百年风雨,通过对船山思想的传承,结合自己的教育经历,与时俱进,演绎新的教育理念;注重文化建设,打造书香校园;在扑面而来的春风里,亲历生动的师生成长故事……在《船山故里办新学》这本船山教育全景式的百科全书中,我们发现,肖高君始终难以忘怀的和人们所要探寻的,恰恰就是一座船山的现代博物馆、一部船山的教育发展史。

在为船山尽心竭力服务的20余年,肖高君将当初只有零零散散几个班级的小学校办成了名气很大的一流中学。学校由最初的200名学生发展到现在的4000余人,20余年间规模扩大了约20倍。如果没有灵魂式的校长,没有科学的办学理念,没有精良的师资团队,没有家长和社会的充分认可,一个学校要发展得如此迅速,几乎是不可想象的。凡事都有两面性,从肖高君担任校长的那一天起,他就不再属于他一个人了。在为学校快速发展的奔波与操劳中,他韶华不再,头上的白发越来越多。但是看一看他脸上始终洋溢的自信与微笑,我们就知道,他是忙碌的,也是快乐的;他是疲惫的,更是幸福的。

我十几年前开始跟肖高君打交道,他的厚道、低调和务实,给包括我在内的很多人留下了深刻印象。一开始,他只是我的工作对象。我在统战部门工作,他是市里知名度很高、影响力很大的党外代表人士:湖南省政协委员、衡阳市政协常委、民建衡阳市委副主委……后来,我的女儿在他担任校长的学校里开启了她的中学时代,我们之间的关系有了变化。作为学生家长,我成了他工作的延伸对象。亲身经历了一些事情之后,我终于知道为什么一位外表看起来无比朴素的人何来那么大的人格魅力,成为那么多人崇拜的偶像了。

听说肖高君要为自己在船山20余年的理论与实践写一本书,我破例主动请缨为这本著作写序。但其实无论从哪一方面说,很多人都比我更合适。对我来说,为一个知名度如此之高、口碑如此之好的校长的心血之作写几句话,完全是因为我发自内心地敬佩与感激他。教育到底是怎么一回事?以我一个曾经站过十年讲台的业内人士来看,教育就是教师把自己掌握的知识告诉学生,让学生也懂。这个道理很简单,可是过程很复杂,甚至非常难。当然,教育是有规律可循的。正如知名教育家胡百良先生所说的,一个好校长,既是一位思想家,又是一位实践家。教书匠只是把教书看成一种谋生的职业,依葫芦画瓢,做一天和尚撞一天钟,应付而已。而教育家却把教育看成事业,通过创造性的实践和研究,掌握教育的本质和规律。肖高君做的正是这样一件事情,他把谋生的职业当成自己毕生奉献的神圣事业。读完这本书,相信您就能从肖高君和他的学校里找到答案,就能明白为什么说一个好的校长就是一所好的学校,一个好的办学理念就等于交给孩子一个璀璨的未来。

陈群洲

中国作家协会会员,衡阳市作家协会主席

2019年10月

目　录

薪
火
传
承

寻找教育的本真

一、"船山",你从哪里来

也许在衡阳市民眼中,衡阳市船山实验中学还很年轻,它创办于1998年,仅走过20多个年头。但实际上,衡阳市船山实验中学历史悠远,英才辈出,已有100多年的历史了,其前身即船山书院。

1878年,衡阳县令张宪和为崇祀乡贤王夫之(王船山),在王衙坪王氏宗祠始建船山书院。1882年,衡阳士绅秉承前湖南学使朱迪然意旨,创办船山书院(改船山馆而成),院址设在衡州城南门外(旧大码头横街)。书院以王夫之为先师,"延师主讲,教授生徒""期讲明夫之之学""扶植人才",李杨华首任山长。1884年,船山书院正式招收生徒,当时的两江总督曾国荃将家藏所刻《船山遗书》322卷板片捐置书院,并捐助银两若干。

1885年,清兵部尚书彭玉麟(今湖南衡阳人)以"院地逼近城市,湫隘嚣尘,殊不足以安弦诵"为由,捐银1.2万两,迁建船山书院于衡州城外湘江中的东洲,因此又称其为东洲船山书院或东洲讲舍。彭玉麟手书门额"船山书院",并撰写楹联,上联:一瓢草堂遥,愿诸君景仰先贤,对门外岳竦湘清,想见高深气象;下联:三篙桃浪暖,就此地宏开讲舍,看眼前鸢飞鱼跃,无非活泼生机。书院内建纪念堂,塑王夫之像于堂中,另有讲学堂、会客室、藏书楼,院东西两厢有精舍共40余间。

1891年,大学者王闿运(今湖南湘潭人)任山长。王闿运赴任后,首先整饬院规,训斥院生好"言科举,言书院正附课,言膏火多少,言学规,言避规,至于冒名领卷、请人往斋",是"学之逐末者""惑之甚哉"。在王闿运主讲后,杨伯寿、夏彝恂等学术大师前来任教,一时"经学大明,弟子称盛",书院名声大震,成为清代晚期闻名天下的书院。

1915年,船山书院改为船山存古学堂。1922年,船山存古学堂改为船山国学院,著名书画家、教育家曾熙(今湖南衡阳人)任院长。1925年,船山国学院改为船山文科大学,曾熙任校长,设国文、哲学、英文、历史、地理五个系,始招预科班,拟定两年结业后分系转入本科。1926年,船山文科大学改为船山中学。船山中学历任校长大多学识渊博,思想开明,水平很高,能力很强,且具有新的教育理念,在社会上享有崇高声誉。部分校长简介如下。

船山中学部分校长简介

校长	籍贯	任期	备注
雷铸寰	湖南东安	1926年至1940年	著名学者
黄士衡	湖南郴州	1941年至1943年	美国哥伦比亚大学硕士,曾任船山中学、湖南大学校长
颜方珪	湖南衡阳	1944年至1945年	毕业于湖南优级师范学堂,以治校有方著称于世
魏业坤	湖南衡阳	1945年至1947年	著名学者
谢彬	湖南衡阳	1947年至1948年	近代著名学者,孙中山称其"诚古人所谓大丈夫哉,亦吾所钦为有志之士也"
罗齐华	湖南衡南	1948年至1949年	毕生奉献教育事业,擅长数学教学,被誉为衡阳王牌数学教师
杨晓麓	湖南衡阳	1949年至1950年	曾任湖南省政协委员、湖南省人民委员会参事、衡阳市政协常委

学校继承和发扬王船山的人文精神。时任校长的雷铸寰曾呼吁:"先生(王船山)的精神,当使之发扬光大;先生的博学,当使之辉耀全球。"船山精神包含以下几个方面:其一,王船山勤奋学习、艰苦创业的精神;其二,王船山的爱国主义精神;其三,王船山的学术思想。

船山中学有一首由教师填词、谱曲的校歌,其词典雅、豪放,其曲优美、昂扬,富有时代气息,催人奋发向上。歌词云:"喜胸涤桃浪,眼豁衡云,环洲竹木自欣欣,弦歌不染尘氛。况赢得船山绝学,刚直清标,湘绮雅文,先贤遗教尽沐熏。世变正纷纭,愿诸君作中流砥柱,宏德业,矢公诚,莫问收获,但务耕耘。"这首校歌对促进学生求学向上发挥了极大作用。

船山中学以知名校长治校,以名牌教师执教,因此办学成绩显著,培养了一批俊彦之士。例如管锄非,著名画家,命途多舛,湮没不彰,80岁始出山,先后在长沙、深圳、北京、上海等地举办画展,名扬中外。又如贺宗武,自学成才的陶瓷专家,先后荣获2008年、2009年"全国百名道德模范"和"全国敬业奉献模范"称号。

我想,办好一所学校,需要创新,也需要传承,传承文化,传承优良的办学传统。

二、船山教育思想的光芒

王夫之,字而农,号姜斋,因晚年隐居衡阳船山,故学者称其为船山先生,是明清时期的思想家、哲学家,与顾炎武、黄宗羲并称为明末清初三大思想家。他晚年隐居在衡阳船山"伏栖林泉",潜心著述,留下了400余卷、800余万字的精神财富,建立了一种既"坐集千古之智"又"推故而别致其新"的思想理论体系,不仅对清代以前的中国传统思想文化做出了全面系统的总结,而且对中华文明未来的伟大复兴做出了别开生面的探讨,将中国古代哲学和思想文化推进到一个新的阶段和水平。1985年,美国哲学社会科学界评出古今八大哲学家,其中四位唯物主义哲学家依次是:德谟克利特、王夫之、费尔巴哈、马克思,王夫之位居第二。已故中国哲学史学会会长张岱年先生称王船山是"中国古典哲学唯物主义的最高峰"。

船山教育思想博大精深,即便穷尽一生去探求,恐怕也只能略见一斑。作为一名教育者,我一直在探究王船山的教育思想。

王船山非常重视教育,认为教育是国之根本。王船山的一生之痛就在于明朝的危亡,为此,他进行了长达40余年的思索:明朝从繁荣富庶走向衰落溃败甚至灭亡的根源到底是什么?这是像王船山这样有强烈社会责任感的知识分子不得不思考的一个时代性问题。王船山把导致明朝灭亡的主要原因归结为明末声势浩荡的农民起义。他在深究农民起义的根源时发现,农民之所以揭竿而起,正是由于统治者腐败、专横的统治所致。那么,应该如何治理封建国家、维护社会稳定呢? 在选择治理国家手段的理性思考中,他看到了法家政治思想的缺陷与不足,继承了孔孟儒家之道,认为对民众实施大规模的教化才是维护社会稳定的根基,于是他提出了教育为治国之本的战略性口号。

王船山非常重视道德教育。他认为,教育的内容无非为二,一是知识教育,二是道德教育。从某种程度上讲,知识教育是一种技术或技能性教育,它可以保障人们的生存,而道德教育则是一种品德教育,它是保障人之为人而不至于堕落成兽的重要方式。因此,王船山认为,无论什么内容的教育或什么学科的教育,都始终要把"育人"作为重中之重,这无论是对个体的成长还是对国家的治理都具有十分重要的作用。王船山是以明朝道德教化衰败这一血的历史教训来看待这个问题的。他的这个教育理念对我国当前教育具有警示作用。随着经济的发展和繁荣,人们生活水平得到提高,很多人愈发关注"功利"的获取,而忽视了自身精神成长的需要。例如,中小学关注升学率,学生关注学习的内容能否实现自己的目的等。教育的首要任务应是立德树人,偏离了这一方向,也就失去了教育最重要的价值。

经世致用是王船山的主要哲学观之一。在科举已经盛行几千年的时代,经世致用的人才培养观可谓高瞻远瞩,石破天惊。王船山目睹了明末的山河破碎、民生凋敝,大力主张经世致用。他认为,人才就要关注社会实际,面对社会矛盾,要实事求是,胸怀天下,勇于担当,只有涌现大量经世致用的人才,才能拯救中国。王船山对人才培养目标的思索在当时可谓振聋发聩,如同在茫茫黑夜中迸发光亮的灯塔。的确如此,经世致用的思想清流孕育了魏源、曾国藩、郭嵩焘、左宗棠、彭玉麟、谭嗣同、章士钊、章太炎、杨度、杨昌济等一大批杰出人物。由此看来,经世致用的人才培养观影响了中国近代的走向。

王船山还非常重视因材施教。因材施教最先由孔子提出来,王船山对这一理念既有继承,又有发展。他认为,教育首先要看对象,研究教育对象的禀赋、基础、兴趣、个性、志向、特长等,不研究教育对象的特点而开展的教育是低效的、盲目的。教育还要善于把握时机,选择恰当的时机进行教育,才会事半功倍,这是教育者的大智慧。教育者要善于及时调整教育内容,因势利导,因人而异,符合受教育者特点的教育才是最好的教育。

此外,王船山还非常重视教育过程中实践的作用,在"知"与"行"之间,他更看重"行"的作用,这也是非常睿智的。

三、书院大师的教育"经"

船山中学的前身船山书院,是为纪念王船山而创办的。所有书院大师们都用船山精神教育学生。其一,教育学生学习王船山勤奋学习、艰苦创业的精神,宣讲王船山少年发愤求知、博览群书和暮年在贫病交加时仍潜心著述的事迹,激励学生勤学苦练,立宏志,求上进;其二,教育学生学习王船山的爱国主义精神,宣讲王船山关心国家命运,坚守民族气节,投身抗敌斗争的事迹,教育学生树立读书救国的思想,增强"天下兴亡,匹夫有责"的意识;其三,继承和发扬王船山的学术思想。学校图书馆存有整套《船山遗书》和各年代研究王船山的论著供师生阅读,鼓励师生撰写研究王船山学术思想的论文。校刊开辟"船山研究"专栏。学校在学生中成立船山学研究会,适时举办船山学讲座、讨论会,以推动船山学的研究。学校礼堂悬挂王船山先生遗像,供师生瞻拜。每年王船山先生诞辰——农历九月初一,学校都会隆重举行王船山先生诞辰纪念会。会议由校长主持,全体师生参加,并邀请深研船山学的教师或船山学者演讲,讲述王船山的学术思想,指明弘扬船山精神的途径。雷铸寰校长曾在会上讲道:"各位同学,你们正是青年,精神饱满,体魄强健,当兴奋你们的热血,去发扬先生伟大的精神,用你们灵敏的脑海,去研究先生渊深的学问,这是你们后继者应尽的责任。"每届纪念会都使与会师生如沐春风,深受船山精神熏陶。学校还规定,每年招生给被录取的王船山后代一个免费名额,以表达敬仰、怀念王船山先生之意。

起初书院大师们的教学方法主要是问难论辩式。后来船山中学各科教学以课堂为主,分班进行,一般采用当时欧美盛行的五段教学法,即备课、提示(讲授新教材)、联想、总括和应用,注重知识教学。

船山中学的大师们注重全面提升学生素养,增强其实际应用能力,发展其爱好特长,以适应社会之需,故大力倡导开展课外活动。学生自治会主编的《船山中学半月刊》《船山中学期刊》《抗战周刊》等,常发表师生的论文、杂记、小说、诗歌、戏剧等作品,并辟有"校闻"栏目,报道校内外要闻。学生亦可自由成立活动团体,如文史、数理、书画、音乐、时务、教育、体育等研究会。学校有学生篮球队、排球队,均发给统一服装。各活动团队均配备指导员,定期开展活动,如出壁报,办刊物,开展讲座、研讨等。学校定期举办演讲、征文、体育比赛等,重大节日还举行文艺表演。学校还十分重视体育,凡具体育(尤其是篮球、排球)特长者,可从优录取,且在学业和生活方面给予特殊照顾。

大师们主张操行修养与学科学习并行。学校拟定"操行"的内容包括思想、学业、行为、体格、意志、个性等方面。同时,亦注意培养学生奉公、博爱、耐劳的品德。

从船山书院到船山中学,名师云集,而王闿运无疑是最耀眼的一颗明珠。

王闿运(1833—1916年),字壬秋,又字壬父,湖南湘潭人,因自署所居为"湘绮楼",故学者称其为湘绮先生。在晚清社会变革的历史背景下,湘绮先生致力于书院教育,曾先后讲学于四川尊经书院、长沙思贤讲舍和衡阳船山书院等,其中尤以在船山书院讲学时间最长,前后长达20余年,为晚清书院教育倾注了半生心血,培养了一批英才。王闿运常谓"自强不息,老而劬学",终身为学是其一贯主张,他自己亦学至终老。在王闿运"老而劬学"思想意识里,立志持恒、深思尚问、谦逊好学、艰苦自立等品质是一个有机整体,是治学者不可或缺的品质,亦是为教者须时时告诫诸生的。只有在为学和为教中真正践行此品质,方能真正收到治学为教之成效。"老而劬学"是终身教育、终身学习思想的体现。终身教育思想是法国教育学家保罗·朗格朗1965年在联合国教科文组织于巴黎召开的国际成人教育会议上正式提出的,是现代教育思想的重要组成部分。可以说,王闿运在此之前就已经开始践行终身教育思想了。从其自身的治学和从教经历而言,王闿运确是切实践行了此思想,而这也正是其著述和教育成就颇著的重要原因。

王闿运主张"有教无类"的施教观。什么人可以接受教育,是许多教育家关注的问题,也是教育实践和教育思想的重要组成部分。"有教无类"由孔子首倡,是针对当时奴隶主教育的"有教有类"思想提出来的。"有教无类"是指人人都可以平等地受教育或人人都可以受同等教育。王闿运在《论语训》中指出"类,犹流派也,言设教不可立户",主要体现在两个方面。其一,不重出身门第,只问人之才学,主张凡人有好学之心,即有诱之之责。他在船山书院掌教时,曾将僧人释敬安、铁匠张正炀、木匠齐白石、铜匠曾昭吉四人纳于门下,收为弟子,悉心点化。其后四人均有造诣,人称"王门四匠"。释敬安是中国近代一位著名的爱国诗僧;张正炀曾留学日本,学习法政,归国后曾任教于明德、麓山诸校;齐白石成为中国著名的国画大师;曾昭吉热爱现代科学技术和机器制造,后来任教于江西南昌高等学堂,并制作大气球飞行。其二,王闿运一反过去"男尊女卑"的传统习俗,平生重视女学,主张女子应接受教育。

王闿运特别强调通经致用,经学治世。在晚清变局时代,他排斥科举,认为"有用"应是取才的标准。清朝统治者为维护自身的统治地位,极力提倡用考八股文的科举制来培养、选拔人才。晚清时期,绝大多数书院成为科举制度的附庸,从课程设置、考试内容到学生选拔、教师聘用,无不围绕举业进行。王闿运曾言:"方今多难之秋,需有用之材",认为当时缺乏真正的"有用之材"。其所言的"有用之材"即扭转时局、与国家和民族命运相关、能匡济时艰之人才。有用之材,在较高层面上,是辅佐非常之人改革社会,抵御外侮,成就非常之事业的经略人才;在基础层面上,是学行结合、经邦济世的实用人才。在书院教学中,王闿运常以"议论砭当世",激发院生关心国家时政。在他的影响下,尊经书院的院生不再是只顾帖括之学的颓废士子,而养成了忧患国运的学术品格,敢于抨击时弊、议论国事。这种风气给晚清书院教育注入了生机与活力,在一定程度上为之后的书院教育开风气、引新学起到了积极的作用。

四、守望教育的麦田

从事教育工作30余年,其中担任校长20余年,我一直在苦苦思索:教育应该守望什么?

"得天下英才而教之",或许是很多教育者的理想,"教之而使之成为英才",或许是很多教育者的梦想,但是从教一辈子,又能得几个英才而教,又能教出多少英才?

每当船山实验中学一次又一次在中考中创造佳绩的时候,全校教师都欢呼雀跃,我在欣慰的同时也在静心思考:这难道是我期待的教育吗?

教育到底应该守望什么?一个学生的来信让我对教育有了新的思考。读完那封长信,那个学生的模样浮现在我脑海中。那是一个其貌不扬、沉默寡言的学生,是一个很容易被老师忽略的学生。那天我照常在校园里走走看看时,在一棵桂花树下发现一个男孩在抽泣。经过了解,我发现他抽泣的原因是他的成绩在班上总是倒数。我问他:"你努力了吗?"他埋着头轻声回答:"我已经很努力了,老师,我是不是很笨?"听到他的回答,我的心情非常沉重。我蹲下身来,摸摸他的脑袋,安慰他说:"孩子,人只要努力,总会有收获的。努力是一种优秀品质,即使求学的道路走不通,但是总有一扇窗为你打开。"从那以后,这个孩子一旦遇到我都会主动与我聊几句,脸上也渐渐有了笑容。后来他来信告诉我,他之后上了职高,学了数控技术,并获得了湖南省数控技能大赛一等奖。我想,这也是成功的教育啊,教育不应唯分数、唯名牌大学为尊。

学校不少教师、学生,甚至家长喜欢称呼我为"农夫校长",我很喜欢这个称呼。这个称呼或许有泥土气息,但是质朴、实在。

我想起小时候跟着父亲去种庄稼的情景。父亲是一个勤快的农民,种过多种庄稼,有稻子、小麦、棉花、大豆、豌豆、雪豆等。父亲精耕细作,拔草、施肥、松土、浇水都比别人勤快,有时候还俯下身来仿佛在与庄稼对话。每到收获季节,我家的收成总是村里最好的,让我们一大家子度过了饥荒岁月。那年冬天,油灯下,父亲语重心长地告诉我,每种庄稼都有各自的特点,有各自的价值,农夫的使命就是让每种庄稼都蓬勃生长。仔细想想,教育者也应该具备农夫情怀,热爱脚下的土地,热爱每一种庄稼,精耕细作,让每一种庄稼都焕发出成长的活力与勃勃生机,静待花开,静待收获,而不能急功近利。

教育应该立足于学生的健康成长和未来发展,学生的健康成长和未来发展高于一切。我把这一教育思考逐渐在船山实验中学宣传、阐释,使其渐渐成为教师们的共识。

成长比分数更重要。仅仅关注分数的教育无疑是功利化的教育。教育始终是生命唤醒生命、生命激扬生命的过程，无论教育怎样变革，教育"为了学生在成人这个意义上更好地发展"这个命题亘古不变。一段教育历程，便是一段生命历程，也是一段成长历程。教育既要关怀学生的自然生命，又要关怀学生的精神生命；既要重视学生身体的健康成长，又要重视学生心灵的健康成长；既要遵循学生的生理发育规律，又要遵循学生的心理发展规律。教育应立足于唤醒学生的生命意识，发掘学生的生命潜能，激发学生的生命活力，拓展学生的生命宽度，从而使学生追求生命的意义，实现生命的价值。关注学生每一次生命活动，引导学生走好每一次生命"弯道"，教育才会充满人性的光辉。

健康成长高于一切。《国家中长期教育改革和发展规划纲要（2010—2020年）》提出，"把育人为本作为教育工作的根本要求""要以学生为主体，以教师为主导，充分发挥学生的主动性，把促进学生健康成长作为学校一切工作的出发点和落脚点。关心每个学生，促进每个学生主动地、生动活泼地发展，尊重教育规律和学生身心发展规律，为每个学生提供适合的教育"。学生的身心健康不是小事，身心健康比任何事都重要，没有健康的体魄和健全的心理，成才就是一句空话。2018年，国家卫健委发布的数据显示，我国17岁以下的儿童青少年中，约3000万人受到各种情绪障碍和行为问题困扰，留守儿童、单亲儿童、独生子女的心理行为问题尤为突显。这要求教育者不仅要关注学生的身体健康，更要关注学生的心理健康，把学生培养成能适应激烈社会竞争、能经受困难与挫折考验、人格健全的高素质人才。

教育要为孩子一生的发展奠基。《中国学生发展核心素养》提出，中国学生发展核心素养以培养"全面发展的人"为核心，综合表现为人文底蕴、科学精神、学会学习、健康生活、责任担当和实践创新六大素养，其实就是关注学生的终身发展。我经常和老师们讲，学生虽在校三年，但我们的教育要关注孩子未来三十年的发展。多关注学生好习惯的形成，着力培养学生的思维品质，引导学生树立正确的价值观，培养学生至少一项艺体爱好，培养学生的兴趣等，这些都可以助力学生未来三十年的发展。

薪火传承

好习惯是孩子走向未来的源动力。爱因斯坦说过，把他在学校里面所学的东西都忘掉了，最后留下的东西就是教育能给他留下的。现在学生考满分的试卷，他长大了之后可能记不住，但是有东西能够留下，留下的东西就是教育的最大成果，而实际上留下的是习惯。1978年，75位诺贝尔奖获得者在巴黎聚会。有记者问其中一位获奖者："你在哪所大学或哪所实验室里学到了你认为最重要的东西？"出人意料的是，这位白发苍苍的学者回答说："在幼儿园。"记者又问："在幼儿园里学到了什么呢？"学者答："把自己的东西分一半给小伙伴，不是自己的东西不要拿，东西要放整齐，饭前要洗手，午饭后要休息，做了错事要表示歉意，学习要多思考，要仔细观察大自然。从根本上说，我学到的全部东西就是这些。"这位学者的回答，代表了与会学者的普遍看法。把学者的普遍看法概括起来就是，他们认为他们终身学到的最重要的东西，是幼儿园老师给他们培养的良好习惯。英国唯物主义哲学家、现代实验科学的始祖、科学归纳法的奠基人培根，一生成就斐然。他在谈到习惯时深有感触地说："习惯真是一种顽强而巨大的力量，它可以主宰人的一生，因此，人从幼年起就应该通过教育培养一种良好的习惯。"

好的价值观让孩子永远不会迷失方向。价值观是人们用来评价行为、事物以及从各种可能的目标中选择自己合意目标的准则。价值观通过人的行为取向和对事物的评价、态度反映出来，是驱使人们行为的内部动力。价值观是后天形成的。家庭、学校等对个人价值观的形成起着关键作用，其他社会环境也有重要影响。个人价值观有一个形成过程，是随着知识的增长和生活经验的积累而逐步确立起来的。个人价值观一旦确立，就会形成一定的价值取向和行为定势，是不易改变的。

春秋时，楚人卞和在楚山（一说荆山，今湖北南漳）看见有凤凰栖落在山中的青石板上。依"凤凰不落无宝之地"之说，他认定山上有宝，经仔细寻找，终于在山中发现一块玉璞。卞和将此玉璞献给楚厉王。然而经玉工辨认，玉璞被判定为石头，楚厉王以为卞和欺君，下令斩断卞和的左脚，将其逐出国都。武王即位后，卞和又将玉璞献上，玉工仍然认为它是石头，可怜卞和又因欺君之罪被砍去右脚。楚文王继位后，卞和怀揣玉璞在楚山下痛哭了三天三夜，以致满眼溢血。楚文王很奇怪，派人问他："天下被削足的人很多,为什么只有你如此悲伤?"卞和感叹道:"我并不是因为被削足而伤心,而是因为宝石被看作石头,忠贞之士被当作欺君之人,是非颠倒而痛心啊!"这次文王命人剖开玉璞,果真得到了一块无瑕的美玉。为奖励卞和的忠诚,美玉被命名为"和氏之璧",这就是后世传说的和氏璧。卞和一直坚信自己取得了美玉,本质上也就是他坚守自己的价值观。

美国学者拉思等在《价值与教学》中指出,每个人都有自己的价值观,每个人都按照他个人的价值观行事,学校德育的根本任务在于抓住价值观,发展学生的道德认识、判断和选择能力,要让学生在内部的道德冲突中澄清自己的价值观,反对公式化的说教和死板的灌输。

优秀的思维品质是成功的奠基石。英国著名教育家怀特海曾指出,在现代生活的条件下,规律是绝对的,凡是不重视思维训练的民族是注定要失败的。教育家苏霍姆林斯基说过,学生来到学校里,不仅是为了取得一份知识的行囊,更重要的是为了变得更聪明。培养学生良好的思维品质,就是为了使其"变得更聪明"。思维品质是指人们在思维过程中所表现出来的各自不同的特点,如广阔性、敏捷性、灵活性、深刻性、独创性和批判性等。良好的思维品质是教育的本质目的之一,是创造力的源泉。古人主张"授人以鱼,不如授之以渔",这里的"授之以渔",实质上是指教给受教育者获取知识的思维方法,它将对学生的终身发展起良好的促进作用。思维品质尽管看不见,摸不着,来无影,去无踪,却并非神秘之物,并非由先天决定,后天的教育与训练完全可以造就一个思维品质"新人"。高效课堂中教师的主导作用应更多地聚焦学生思维品质的形成,既关注个体,又面向全体,创设一种平等、民主、和谐的师生关系,构建科学系统的训练方法,调动学生的积极性,保护学生的想象力,培养学生的质疑精神,促进其形成学科思维能力。

薪火传承

心外无物，躬耕船山

我没有想到，自己能够与一代先哲王船山、晚清名将彭玉麟有如此深的交集。这些交集在一所叫船山实验中学的校园里，开出了传承之花，她是那么不同寻常，她的花香是校园里最美的吟唱。

一、先哲力量

我想，我是不是从历史的石缝里抽出的一棵细芽，特来与他们结缘的？任校长的20多年时光里，我让自己不分昼夜地与他们隔着时空对话，在船山先生史学宏论里星夜入草堂，在玉麟先生的梅花里强筋健骨，让更多像我这样的学子，在船山实验中学的校园里一点一点地返青、长叶、生根，沐浴着阳光雨露，健康成长。

在这些白天黑夜里，我看到了曾经自己一步一步从衡阳县西渡镇英陂村走出来的点点滴滴。离县城很近的路边有一所小学，学校的东边有一座小山，爬上那座小山，极目远眺，便可以看到白茶树、橘子树、水稻等，还有许多小池塘星罗棋布。那时学校每个月都有将近一周的劳动课，我们种地、剪枝、拉煤、喂猪、挑粪……农忙季节里，我们则上午读书、下午种地，偶尔还要将沉重的肥料运到20里外的农场。

我的耳边经常响起父亲说的话："只有坚守脚下的土地，精耕细作，才能静待花开，静待收获。"在父亲的鼓励下，我大踏步行走，不经意间，亦在行走中收获了一份又一份沉甸甸的感动！

以船山之重为步，以梅花之洁为翅，再把父亲给我讲的那些道理融入其中，我发现这样的组合竟是那么的妙不可言。

二、圆梦初心

没想到，野百合也有自己的春天！1980年高考结束后，我以全县数学最高分的成绩调剂到当时的衡阳师范专科学校(师专)数学专业学习。那时的我身高只有149厘米。进入师专后，我给自己定下两个目标：一是把书读好，二是把个子长高，因为当时师范生的最低身高标准是150厘米。所以在师专的三年，我一边努力学习，一边坚持锻炼身体。在秋风里想象一匹匹马儿入梦来，我与骏马一起奔跑，与自己名字里面的两个字——"高"与"君"一同奔跑，这让我更加充满自信。在那一千多个日日夜夜，我恭恭敬敬地书写好属于自己的"君"字。

骑驴过小桥，独叹梅花瘦。1998年，船山实验中学正式成立。时隔100多年，我接下了彭玉麟传送过来的梅花教棒，担任这所校园的"主人"——船山实验中学校长。校长是一个"护园人"和"领跑人"，要带领全体园丁妙手剪春风，不断地修剪着一茬又一茬欲开或已开的花之叶蔓。百年大计，教育为本，如何做好这个"护园人"，是我担任校长20余年来一直探究的问题。

三、农夫情怀

上任伊始，我对我的岗位是这样认识的：校长不是官，而是一个职业，是一份沉甸甸的责任，应该具备"农夫"一样的情怀，不把学生当成流水线上的零部件，而把学生当成田野上千姿百态的庄稼，不能急功近利，要尊重培养对象的成长规律，让每一种"庄稼"焕发出成长的活力与生机。

一直以来，船山实验中学秉承王船山与时俱进、经世致用的思想，坚持"学生的健康成长和未来发展高于一切"的教育理念，突出优质服务、精细管理、精心教学，致力打造"民校中的名校"，走一条求新求变的教育新路，为全国教育改革和课堂革命做一些有益的探索。

优秀的农夫需要深爱脚下那片土地，需要倾注热血与激情，需要精耕细作，需要拔掉土地上的杂草，需要遵循每一种庄稼的成长规律，需要耐心等待,而一名教育管理者更需要这样。所以,我一直倡导教师要有农夫情怀,追求真理,独立思考,保持个性,要有坚定的职业信念,并以从容恬淡之心去思考,让每一个学生的成长变得丰富多彩。只有这样,学生才会把学校当作心中最美丽的风景,教室才会成为他们眼中最温馨的乐园,整个校园才会理想升腾,创造力才会涌动。

四、"护园"之路

观念决定方向,思路决定出路,胸怀决定规模。我宁愿是一个渺小的人,心怀梦想和实现梦想的愿望,也不愿意做一个失去梦想和愿望的所谓的强者。这就要求我要脚踏实地,找准方向。作为"护园人"与"领跑人",我首先要确定带领团队往哪里跑,让团队围绕这个目标,统一思想和行动,形成共识与合力。

2006年实行股份制改革,船山实验中学正式与衡阳市第一中学分离,成为民办全日制寄宿学校。为全面贯彻党的教育方针,整体推进现代教育实验学校建设,促进学生个性和潜能发展,针对初中学生的特点,我们提出了"教育即服务""学生的健康成长和未来发展高于一切"的办学理念和"努力,创造奇迹"的校训,在教育管理中突出以学生为中心,为学生个人发展和身心健康服务,打造适合学生的教育。

初中阶段是学生成长的关键时期,是学生身心发展最快、可塑性最强、学习习惯养成的阶段,是思维方式、个人性格逐步形成的阶段。我们更新了教育理念,变"填鸭式"为"自主式",变"管理式"为"服务式",变"囚笼式"为"开放式"。在这种理念的引导下,学校以学生的"学"为中心,强化学生的主体地位,进一步创新教学方法,不一味地对学生进行知识的灌输,更加注重学生思维方式的引导、知识结构的优化、弱点盲点的梳理、学习习惯的养成、情感的培养和身心的健康发展。我们时刻关心每一位学生的成长点滴,及时发现和掌握每一位学生的学习困惑和成长困难,有针对性地提供帮助和指导,帮助学生在学中思,在学中悟,扣好人生的第一粒扣子,走好人生的每一步。

五、他山之石

教育的本真是育人，是全面育人、全程育人、全员育人，是服务于学生的健康成长和未来发展。当今社会，竞争激烈、物竞天择、优胜劣汰，社会需要的是有健全人格、竞争意识、国际视野且全面发展的人才，而不是高分低能的人才。

学生的素养要从什么时候开始培养？从基础教育阶段开始。初中是学生基础教育的重要阶段，是人从肤浅走向深邃，从无知走向睿智，从幼稚走向成熟的关键时期，学校要为学生的健康成长和未来发展奠定基础。有了这样的思考，我们继承了船山先生的思想衣钵，围绕学生成长的实际需要，创造适合学生健康成长和未来发展的教育，培养学生的素养，促进学生全面、可持续发展，让学生在爱与温暖中成长。我们每一位教师都懂得学生的身体比分数重要，健康成长高于一切；学生的素养比名次重要，未来发展高于一切；教育不仅要关注当下，更要着眼未来；优秀的思维品质是成功的基石，好习惯是走向未来的源动力；成长的经历比成绩重要，有好的价值观才不会迷失方向。

担任校长期间，我有幸观摩过美国的基础教育，与美国基础教育阶段学校校长有过不少交流。中国的基础教育有自己的特色，美国的基础教育也有不少可借鉴之处。

我观摩过一堂美国数学课，教学内容是三角形内角之和，老师设计了几个教学活动，都是让学生动手。例如，指导学生把三个角剪下来，然后观察三个角拼接的结果。快下课时，学生终于得出一个结论：三角形内角之和等于一百八十度。从头到尾学生没有做一道练习题。而在我们的很多课堂上，可能是老师首先告诉学生三角形内角之和等于一百八十度，然后让学生去做题运用。这样的课堂更注重学科的解题技巧，而不是运用理性的思维和方法来解决生活中的实际问题。这让我陷入了深深的思考，我们的教育需要重视学生的体验，释放空间，把过程交给学生去经历。

在美国，有一堂生物课也给我留下了深刻的印象。老师拿着一个洋

薪火传承

葱让学生从不同角度、以不同方式去观察、思考和提问,一堂课下来老师似乎没有集中讲解知识。这难道是一堂无效的课吗?我们曾经的课堂注重让学生多学、多练、多记、多考,注重培养学生吸收知识的学习能力。而美国的课堂注重让学生多看、多问、多想、多做,注重培养学生的批判性思维、独立思考能力、发现问题和学以致用的实践能力。

美国学校还有特殊教育老师,职责是对有一定学习障碍的学生进行特别辅导。以前有些人总以为调皮捣蛋、上课坐不住的学生是有品行问题的"坏孩子",学习跟不上的学生是脑子笨。现代医学已经发现,相当比例的孩子天生有些特殊,有的是发育比同龄人晚些,也有的是有某种记忆或阅读障碍,或者患有自闭症、多动症等。其实这样的孩子不是没有办法学好,恰恰相反,其中有些孩子的智商特别高,只是发展不均衡。比如,有的孩子对数字特别敏感,因此数学很棒,但识字背书不行。还有的孩子上课无法专心,如果给予单独特殊辅导,他会成为优秀学生。因此,美国学校把这类学生列为"特殊教育生",他们跟同年级学生一起上课,却有老师给他们"开小灶"帮他们复习或辅导功课。在这种特别辅导下,有些特殊教育生照样能学得很好甚至成为特殊人才。这给了我深刻的启迪,学生的禀赋千差万别,教育需要量体裁衣,创造适合学生的方法。

2001年,我观摩过日本的基础教育,在交流过程中发现日本基础教育也有其独特的优势。他们长期以来注重集体养成模式,也注重培养学生的实践能力、团体意识和向心力,很注重让学生体验成长过程中的仪式感。日本教育的这些优势我们也在提倡。

六、春华秋实

学校管理是一门艺术,而艺术的生命在于创新。所谓管校就要管人,管人就要管心,管心就要关心,关心就要真心,说的就是学校管理的真谛。

我做班主任的时候,尽管设立了相对严格的班规,但总是还有一些学生陆续违纪。为此,我做过很多班级管理改革尝试,最后找到了一条高效途径:设立班级愿景、构建班级精神、布置文化墙、赠送每周寄语、品读名人传记等,通过实施一系列文化举措,班级呈现出新面貌。这让我产生了新的认识：以文化引领人，以文化管理人，这才是无声的力量。后来，我参加了一些校长培训班，没想到那些讲课的教育大师也有这样的学校管理理念，这让我感到非常欣慰和自豪。

我又摸索出学校管理最重要的是变革，要充分尊重师生的主体地位，关注师生的需要与发展、尊严与价值。然而，当前的学校管理工作依然存在着种种突出问题，如理念的贯彻落实问题、德育的多元途径问题、科研的规范与时效问题、队伍的结构调整问题、成果的科学评价问题、管理的效益效率问题等。这些问题凸显了优化学校管理的必要性。因此，我认为更新管理理念、创新管理模式、优化管理措施是学校管理者的使命，这关系到育人目标的实现和教学质量的提升。结合现代教育实际，推行文化管理已势在必行。因为文化管理是对经验管理、制度管理的升华与超越，以先进的、有特色的学校文化为基石，从文化的视角审视和完善学校管理，能使学校管理更富有人文性和文化意蕴，能将学校的发展与个人的发展紧密联系在一起，变被动的约束为主动的创造。

我对船山实验中学文化管理的规划是：以船山文化为内核，在传承中发展，在发展中创新。学校教师文化、学生文化、环境文化、班级文化、餐饮文化、公寓文化等都以船山文化为内核，充分挖掘王船山的思想精髓和精神精髓，让这些精髓不断引领师生共同成长，引领学生走出网络迷恋期、心理叛逆期、青春萌动期，从而形成正确的世界观、人生观、价值观等，养成文明礼仪、安全、学习和生活四种行为习惯，在习惯养成中学会做人做事的道理。

淡妆浓抹总相宜，风定犹闻碧玉香。校长作为"护园人"与"领跑人"，要在工作中勤于干事、宽以待人、勇于开拓，做到思想引领、情感引领、业务引领、实践引领、行动引领，引领教师不断实现个人目标，引领学生不断健康成长，引领学校可持续发展，促使教师、学生认同学校的共同愿景。同时，校长在领跑过程中也要不断倾听师生的声音，形成独立的理念和思路，总结办学规律，增强学术魅力和影响力。

生命给予我们的，不是那些艰难，而是成长，是学会举重若轻，学会坚持不懈。如果说过去的20多年是我在春天里播下的种子，那么未来的船山实验中学，也可以称为秋天的果实。

薪火传承

文化领航

下一站，船山实验中学

乘坐衡阳市历史最悠久的115路公交车，从衡阳市火车站出发，跨过湘江，穿越大半个老城区，进入新兴的华新开发区，驶过衡阳市第一中学后右转，下一站便是衡阳市船山实验中学。现在，让我当向导陪你到这里走一走。

船山实验中学大门

第一站：没有船山的船山广场

说它没有船山，是因为广场上并没有王船山先生的雕塑。称之为船山广场，是因为作为船山实验中学最大的集会场所，这里是校园里最能体现船山先生精神的地方，也是承载船山学子最多记忆的场所。

　　九月一日，每一位初一学子将会在这里迎来他们在船山实验中学的第一次开学典礼。在开学典礼致辞中，我从不把学校的建设、荣誉、办学成绩等作为演讲的主要内容，而是将校园文化、价值引领作为讲话的主旋律。

　　例如，在2016年秋季开学典礼上，我以《多种品质成为习惯　女排精神引领未来》为题致辞。到现在我还记得，那是一个云淡风轻、秋高气爽的日子，也是一个硕果累累、丰收在望的季节。在这个收获的季节里，我代表全体教师向刚刚入学的七年级新生表示最热烈的欢迎，欢迎他们加入船山实验中学这个温馨的大家庭。我给他们介绍了学校的历史渊源和船山先生的经世致用思想，希望他们不仅要学会学习，更要关注社会、实事求是、胸怀天下、勇于担当。我们的目标是把他们培养成有国际视野、竞争意识、健全人格、全面发展、特长突出的中国人。

　　回首过去，老师们无私奉献、殚精竭虑，同学们勤奋学习、锐意进取。我们努力践行"教育即服务"的办学理念，做有"温度"的教育，办有"温度"的学校，全面启动"互联网+学校教育"发展战略。那收获的果实告诉我们：只要付出足够的热情和努力，你总能发现，生活原来可以这样精彩！

　　在新的起点上，我向同学们提出三点希望：

　　一是希望他们"励志在勤，守心在朴"——让"勤朴"成为一种习惯。梅花不畏严寒，凌霜傲雪，唯寒冬怒放，"勤"是梅花的第一秉性，是学业成功的基石。"朴"即脚踏实地，求真务实，踏实做事，老实为人。我希望他们在船山实验中学的校园里，勤奋学习，乐于钻研，不耻下问，生活简朴，取之有度，用之有节，保持一种勤奋刻苦的态度和一颗朴实无华的心，于平凡中见伟大。

　　二是希望他们"处世惟诚，待人惟善"——让"诚善"成为一种美德。"身在严寒，心向春""俏也不争春，只把春来报"体现着梅花对春天的一片真诚。诚信、友善是社会主义核心价值观的一部分，也是学校对他们的基本要求。我希望他们能学习梅花的"诚"和"善"，无论何时、何地、何种境遇，都乐于助人、待人真诚、言行端正、品性善良，做一个正直善良的人。

三是希望他们"大志当弘,细行当毅"——让"弘毅"成为一种追求。2016年里约奥运会很好地诠释了"女排精神":她们一分一分地打,即使落后也不放弃,一分一分地追,打出了自己的水平。网上有句话说:"中国乒乓球把对手打哭了,中国女排把观众打哭了。"我希望他们学习女排姑娘如梅花般志存高远、坚韧不屈的品质,览群书、破万卷、多实践、不思闲、弘大毅、笃志远、兴吾校、强吾国!

育人的事业风光无限,我们的未来前程似锦。风正潮平,自当扬帆破浪;任重道远,更需快马加鞭。

每年的六月一日,这里都会举行"告别六一"合唱比赛。经过在学校一段时间学习与生活的淬炼,"努力,创造奇迹"的校训对他们来说,变成了血肉丰满的人生箴言。

一元复始,万象更新。每年元月一日的"校园文化艺术节",全校师生齐聚于此,载歌载舞,迎接新年。许多节目给我留下了深刻的印象:2018年的经典国学小品《孔门学子大PK》充分展示了我国优秀传统文化的博大精深;2017年初三年级组别出心裁,以快板《说船山 话初三》风靡全场;2016年师生同台表演的歌伴舞《共筑船山梦》获得了经久不息的掌声……在这里,古典与现代、高雅与流行、严肃与活泼、经典与原创、欢歌与笑语同在。

不仅如此,每年春暖花开的时候,这里是初三学生徒步雨母山活动的起点,他们将从这里开始完成十七公里的徒步;这里是一年一度毕业生百日誓师的地方,师生们在这里立志,用自己的拼搏,孕育六月的花开;这里是中考考前动员的地方,家长和老师们在此为即将走上考场的学子们加油打气。待到六月二十日,这里还有一场隆重的毕业典礼,曾经的九月,梦想从这里启程,如今又将从这里向着更高远的目标扬帆起航。

船山广场静静地,等待着下一个九月的轮回。

第二站:船山三大名楼

从船山广场向北望,启航路的尽头矗立着的三栋教学楼格外醒目,

文化领航

建楼所用的灰砖青瓦来自遥远的太行山邢台地区,别有一番古朴雅致。每一块灰砖、每一片青瓦都像在述说辛勤耕耘的幸福,唤醒学子们去续写先贤的风骨。这就是船山三大名楼——玉麟楼、啸青楼、逸才楼。

玉麟楼的命名是为了纪念清朝著名政治家、军事家、书画家彭玉麟。彭玉麟祖籍衡永郴桂道衡州府衡阳县(今衡阳市衡阳县渣江),他一生为官清廉,刚直不阿,曾六辞高官,与曾国藩、左宗棠一起被称为大清三杰,是清朝有名的"中兴名臣",湘军水师创建者,中国近代海军奠基人。彭玉麟纵然一生六辞高官,却在国家危难之时,抱着年迈多病之躯,临危受命,抵御外敌。在权贵当道、腐败至极的咸丰、同治、光绪、宣统年间,他成为一个罕见的清廉正直、淡泊名利、重情重义的名臣。

1854年冬,彭玉麟率湘军水师配合陆师攻陷了田家镇后,清政府奖励他4000两白银,他却转而用于救济家乡。他在给叔父的信中说:"想家乡多苦百姓、苦亲戚,正好将此银子行些方便,亦一乐也。"他还要求叔父从中拿出一些银两在家乡办所学堂,期望为家乡"造就几个人才"。1885年,他捐银1.2万两,迁建船山书院。以其名给教学楼命名,是希望船山人铭记学校的历史,继往开来,积极营造"文明、守纪、敬业、乐学"的校风。

啸青楼得名于蒋啸青。蒋啸青1903年求学于船山书院,是书院主持人王闿运先生的得意门生,后在湖南省立第三师范学校(省立三师)、衡阳市第三中学(三中)、湖南省立第三女子师范学校(省立三女师)当过多年校长,培养了众多学生,其中不少人后来成为国家的栋梁之材。他治学有方,被尊为"湘南教育王"。

五四运动期间,蒋啸青是衡阳新文化和马克思主义的传播者,是反帝爱国斗争的领导人。他支持学生联合会,并担任学生联合会指导员。蒋啸青明确提出"学为民用,学为国用,反对读死书"的主张,在省立三师支持和指导学生团体"心社"的活动,辅导他们出版油印小报《先锋》;为他们集资创办"文化书社"三师书报贩卖部;拿出自己的薪金购买新文化书刊给学生阅读,鼓励他们多思考和研究社会问题。以其名给教学楼命名,是希望所有船山教师以蒋啸青为榜样,严守"身正、爱生、博学、善教"的教风。

逸才楼

逸才楼是为了纪念"旷代逸才"杨度的。杨度师从王闿运,后仕于大清,运筹北洋,拜入青帮,加入国民党,最后秘密加入中国共产党。他的名字在《辞海》中占有一席之地。

纵观杨度的一生,他也在变,由君主立宪思想,到三民主义,再到信仰共产主义。他的变,是为自己的信仰,主动地去努力,去奋斗。他始终有自己的选择,不会盲目地选择自己的信仰,始终跟着时代的发展不断调整自己。他所考虑的是哪一种信仰可以拯救国家和民族,他用行动证明他的变不是盲目的投机,而是有目标、有方向的。杨度曾作《湖南少年歌》以应和梁启超的《少年中国说》,发表于《新民丛报》,其中有"若道中华国果亡,除非湖南人尽死。尽掷头颅不足痛,丝毫权利人休取"之句。以其名给教学楼命名,是希望所有船山学子遵循"善思、乐学、求美、求真"的学风。

第三站:桃竹桂柚休闲区

桃竹桂柚休闲区,顾名思义,是学生求知路上的休闲乐土。

每当三月气候回暖,春意照拂,遍布校园的各种不知名的植物全都开出花来。求知路上,蛰伏了一冬的杨柳也在这时悄悄吐芽了,与未湖旁的桃花一红一绿,好似两条彩练铺在路上。学子们徜徉在求知路上,理想就像绽放的花朵一样,缤纷美丽,透出青春的芳香。每年的这时候,他们总会用手中的笔,书写这满园的书香与花香。让我印象很深的是293班莫梓艺同学写的《芳华》,这是一首致船山的情诗。

芳 华

数不清的脚印聚拢消散

光阴的钟声滴答答流转

风雕雨琢止不住你绿意

你是三月不愿醒来的梦

晨起悠悠以歌将尘埃濯

灰与白相织的色调写意

垂柳衔湖静赋曲水流觞

群鳞竞跃晚霞縠纹深浅

洗净铅华歌尽桃花故梦

熔铸崇高之心仰望星空

莘莘学子快乐耕耘几度

想当初八方溪水汇于此

喜相逢人生难得成知己

但看浮光掠影一阕别离

与船山的芳华不期而遇

还有290班曹紫薇同学写的《春至船山》亦情真意切。

春至船山

春至船山,美不胜收。青蔓垂枝,柳条摇曳。灼灼桃花,不胜娇羞。梨花似雪,落英缤纷。鱼戏浅溪,翕忽远逝。

至于课间,三两成群。漫步小径,时时笑颜。师生共谈,互诉心肠。潇潇光阴,岁月静好。

抑或夜月悬空,教室通明。笔耕不倦,唯闻笔声。此间少年,莫负光阴。三年汗水化执笔之手,绘一路前程似锦,待你直挂云帆济沧海!

校园风景

再看逸才楼前那片苍翠的竹林,有了它,校园的四季都不会寂寞。清代的郑板桥一生爱竹、写竹、画竹,自称"四时不谢之兰,百节长青之竹,万古不败之石,千秋不变之人"。可见,竹子的品格和人的品格联系在一起,意味深长。一场春雨之后,我会带着学生来到竹林里,让他们观察百千竹笋竞相钻出地面的场景,让学生聆听竹子拔节的呢喃,进而体会生命跋涉的艰辛。

除此之外,校门与办公楼之间那条栽满桂花树的小径上、玉麟楼与啸青楼之间那每到秋冬就挂满黄澄澄柚子的园地里……时常有穿着校服的身影,他们身上那抹船山蓝格外醒目。学校的校服,在春秋,是藏蓝与鲜橙的跳脱碰撞;在炎夏,是蔚蓝与米色的意气风发;在深冬,是湖蓝与深灰的深沉宁静。校服的右胸口处印有校徽。还记得那年,我问学生:"你们认为学校的校徽有什么含义?"323班周炫汕同学的回答给我带来了极大的惊喜。他是如此诠释的:

当一颗五角红星在东方升起,船山的莘莘学子齐头并进,向着梦想奔跑。那一点红是灯塔,指明方向,它像恒星一样永存于心。深蓝色的"C"是沉稳无私的老师,赤红色的"C"是活泼聪敏的学生,当他们为了理想抱成团的时候,一座名叫船山实验中学的高峰便开始屹立于天地之间。这里有高耸的山,有浩瀚的海,有安稳的船,我们一起踏上以梦为帆、以勤为桨的"船山号",不惧风雨,乘风破浪!

第四站:五星级食堂

"五星级食堂",其实是学生家长送给学校食堂的美称。之所以这么称呼学校食堂,除了因为他们对学校食堂规模、就餐环境、菜品质量肯定外,更因为学校食堂超越了其原有的意义,充分注入了文化元素,传递着学校文化气息,在潜移默化中深深地影响着每个学子。

古人曾把厨房称为"炼珍堂"。我的观点是:在"珍堂"里"炼"出的美味佳肴,更要与我们的现代校园文化相匹配,要让学生真正吃出健康,吃出品位,吃出文化。

中国饮食文化源远流长,历史上早有"八大菜系"之说。衡阳地处湘南,为了兼顾学生的口味与营养,学校食堂的菜品以重酸辣、咸香、清香、浓鲜的湘菜为主,辅以具有麻、辣、鲜、香特色的川菜和追求清淡、鲜嫩、本味的粤菜。在制作菜肴时,厨师们会使用炒、烧、煎、炸、煮、蒸、烤、凉拌等多种烹饪方式,注重饭菜的营养搭配、荤素搭配、凉热搭配,力求使学生就餐时不仅能享受色香味美的美食,更能领略到博大精深的中国饮食文化。

食堂既是师生就餐的场所,也应具备为师生提供精神食粮的功能。学校后勤部用心装点餐厅,用宣传标语巧妙地把教育引入学生生活的重要场所,让众学子在课堂之外读到另一本"书"。如食堂悬挂的一幅标语"历览前贤国与家,成由勤俭破由奢",出自唐代诗人李商隐的《咏史》,意在用古代君主治理国家的教训——成功主要由于勤俭,奢侈则招致破败,来教化学生要保持勤俭节约的传统美德。

由于学生正处于生长发育期,下课后常常饥肠辘辘。这个时候最能考验他们能否做到有序文明用餐,如自觉排队、互相谦让、用完的餐具不乱放等。"先来后到是君子所为""饭菜穿肠过,礼让心中留""为他人留下一片天地,为自己留下一个风度"等标语,巧妙地将理念于无形之中渗入学生的意识之中,并影响着他们的饮食行为。食堂是学生每天必到之处,这样做的可贵之处就在于大事小做、小处大用,不是灌输胜似灌输。

对于寄宿在学校的学生来说,设置在食堂里的电视是一个连接外界的窗口,学校对于电视播放内容的选择也是煞费苦心。学生可以通过时事新闻节目了解国内外大事,贴近时代脉搏;可以通过美食类纪录片《舌尖上的中国》,见识中国特色食材以及与食物相关、构成中国美食特有气质的一系列元素;还可以通过大型科学竞技真人秀节目《最强大脑》,了解脑科学知识与脑力竞技……

至此,在船山实验中学的旅程告一段落。在我看来,我们的船山值得走一走的地方还有很多:爱校广场上由第一届学生自发向母校捐赠的三棵大樟树已经亭亭如盖,很适宜坐于其下谈心看书;办公楼走廊间悬挂的每一幅学生作品都是一个故事;学生宿舍的主题装扮定会令你耳目一新……

在此,我诚挚地邀请您来到船山,来到船山实验中学,切身体验我们的校园文化。

宿舍，学生的另一个家

我时常听到"回寝"二字，"寝"即"宿舍"，在寄宿制学校里，宿舍就是"家"。在这里，学生虽然远离了亲情的呵护，却感受着家的温馨。宿舍是一个可以体现个性的场所，我希望在学生眼中，它不仅是栖身之地，更是另一个家。

宿舍虽然仅为方寸之地，却是学生学习、生活和娱乐的重要场所，也是培养班风、学风的重要阵地。我校以"和谐宿舍，品质生活"为宿舍文化建设的理念，坚持"以人为本，服务于人"的准则，明确和谐宿舍文化建设的宗旨——"扬德尚美，育己善行"。

学生开始寄宿生活的第一个任务就是为宿舍起一个名字。这样可以促进成员团结，增强凝聚力，同时也是一份美丽的回忆。宿舍里有许多故事，而宿舍的名字本身就是一个故事。这是学生各显神通、充分张扬个性的时候。我见过的取名类型有：一本正经型，如312宿舍群、507大家庭等；机智活用型，如流星花园、佳人乱室之类；美好寓意型，如翔宇居，寓意用永恒的追求和不懈的努力为自己插上飞翔的翅膀，在广阔的天空自由遨游，而舞雩斋，则化用了孔子《论语·乡党》中的一句话"浴乎沂，风乎舞雩，咏而归"……

关于宿舍文化，学生最有发言权，所以我特别邀请了334班韦雅馨同学与我一道带您走进船山实验中学的学生宿舍。

欢迎来到舞雩斋

从船山广场向里走，穿过谦让路，高大的杨树辟出一片绿荫，绿树掩映之下的就是学生宿舍。其中毗邻操场的那块"风水宝地"叫作扬帆楼。位置：1楼102室，推开门，窗沿下的风铃笑得正欢，仿佛在说：欢迎来到我的地盘——舞雩斋！

走进舞雩斋，舒适的小窝中承载着我们满满的回忆。因为我们希望在满身疲倦回到小窝时，这个小小的地方能带给我们满满的慰藉，所以我们宿舍的风格十分有治愈性。宿舍的色调以天蓝色和浅绿色为主，天花板上有许多可爱的图案，如漂浮的云彩、飞翔的小鸟、遨游的飞机……下课回来，躺在床上，一抬头，这些清新的色彩就能带给我们美丽的心情。每个人床位靠着的那面墙，是个人的自留地，大家都贴上了自己喜欢的墙纸（以有益于视力的绿色为基调），上面再贴上自己喜欢的作品，写上自己的感想。"趁青春，做自己想做的，有一个梦想需要努力。""哪有什么一夜成名，其实都是百炼成钢。""一起考一中，还要做闺密呀！"……

每年新生入学我校都会开展"有限空间，无限精彩"宿舍文化节活动。以宿舍为单位，由宿舍全体成员共同合作，亲自动手设计、创作、装饰，将宿舍打造成具有独特风格的家。主题由宿舍全体成员自行拟定，但必须有突出的特点。

宿舍是学生学习、生活和娱乐的地方，也是开展第二课堂的窗口。宿舍建设早已不单单指卫生建设，而是上升到学生文化品质的高度。以活动为载体，在丰富学生生活的同时，也为学生提供了发挥创造力和审美观的平台，目的不仅是为了营造温馨舒适的宿舍环境，也是为了推进宿舍文化建设。在学生的共同努力下，一大批示范宿舍涌现出来。

正所谓"无规矩不成方圆，无制度无所作为"。孩子们怀揣最美丽的梦想，在属于自己的"乌托邦"里演绎朝气蓬勃的青春。每个宿舍的公约出自不同人之手，它们独具一格，别出心裁，每一字每一句都体现了制订者的用心。一个好的宿舍公约不仅能让宿舍充满活力，更体现了学生对宿舍的爱护和对舍友的深切祝愿。有时一件小事可能会影响到宿舍的和谐，适当的公约能让学生在相处过程中学会宽容和忍耐，学会避免和化解冲突，营造友好、信任、和谐的氛围。好的宿舍文化会让学生形成良好的人际交往能力，拥有健康向上、积极乐观的人生态度，从而形成宿舍成员的向心力和凝聚力。

文化领航

舞雩斋公约

10个小伙伴在不到20平方米的空间相遇,在惊喜于缘分安排的同时,也不免有小小的摩擦。这时候,就得请我们的宿舍公约出场啦。快来一起看看大家的智慧结晶吧。

舍训:虽然一个人可以走得很快,但一群人才能走得更远。

【日常作息篇】

1.每天早晨让阳光和梦想成为唤醒你的闹钟。

2.俗话说:中午不睡,下午崩溃。13:00到13:50开启静音模式,任何人不许说话,不睡的人也不能有太大的动静。

3.熄灯之后必须安静,临近考试的时候可以小声复习。

4.自觉保持个人卫生,自觉维护集体卫生,打扫卫生要及时。

【学习生活篇】

1.不定时在宿舍内部和宿舍之间开展学习讨论活动,将课堂上和作业中未解决的问题拿出来讨论,共同解决。

2.制订读书计划,每人一个月内至少阅读一本非消遣类读物,成员之间应互相督促,交流读书心得。

3.与其他宿舍之间时常来一场学术比拼,既增强宿舍之间的交流,同时也巩固所学的知识。

4.定期召开卧谈会,主题自定,充分交流个人意见。

5.如果有想和大家分享的食物可以放进"共享零食盒",让大家随意取用。

【人际交往篇】

1.尊重别人的生活习惯,不要试图什么都去改变。想改变别人时,反过来从自身的角度考虑一下,尝试改变自己。

2.学会求同存异、换位思考和多角度看问题。不强求别人和你达成共识,别人从不同的角度提出观点,可以拓宽你的思路,也可能对你的思考具有启迪作用。

3.同一个世界同一个梦,同一个寝室同一条心。有矛盾怎么办？冷战时间不得超过12个小时，解决问题靠大家。一言不合要淡定，冷静下来仍是朋友。

宿舍中的每个成员，来自不同地区的不同家庭，他们的文化背景不同，因而各自流露出来的文化传统就不同，而且每个人的生活习惯、兴趣爱好、性格等也有所不同，但大家都在集体生活中共处，不同的文化背景在这里得到了交融。

我寝我秀

下面有请舞零斋成员隆重登场！

灵魂人物：寝室长，来自河南的倩倩，一个说话带着儿化音、爱笑的女孩。她会在老师不舒服时送上药；会在班主任生气时写上一封道歉信；会在你哭得昏天暗地时默默地递给你一张纸巾，像个大姐姐一样给你讲她的经历；会教你在面对伤痛时怎样挺过去……她总是那么善解人意，温柔而又坚定地给你勇气。

雨零零：一个有思想、目标明确又执着努力的女孩。雨零零的爸爸妈妈都在国外工作，所以她的梦想是出国深造，跟爸爸妈妈团聚。毕业前，她已被保送至衡阳市第一中学理科实验班，但是为了梦想，她毅然选择了报考衡阳市第一中学国际班。这个决定令所有人大跌眼镜。对此，她说："承受所有人的不理解，坚持去做一件事，必须有足够的勇气和坚定的信念。年轻不是自暴自弃、自我放纵的资本，而是去努力靠近梦想的资本。"

包打听：阿珊，她的开场白通常是"哎，你们知不知道……"堪比"八卦"版诸葛亮。她是一位天生的相声演员，当那些社会新闻、年级趣事被她用正儿八经的表情郑重其事地说出来时，常有着令人意想不到的"笑"果。

哲学诗人：小S，时而感春悲秋，时而金句频出，名言是"有些人，走着走着就不见了，但我们在下个路口重逢时，能问候近况，回忆曾经，抑或是不再相见，情义不散，就不遗憾"。

移动书柜:小雨,来自县区,给人的第一印象是内敛而又温柔。她外冷内热,很勤奋,经常学习到很晚才回来。她会唱很多年代久远的歌曲,比如张学友、邓丽君的歌信手拈来。她也很喜欢阅读,这应该是受她父亲——一个斯斯文文、说话不疾不徐、很和气的知识分子的影响所致。她阅读的书从《小王子》到《傅雷家书》,各种风格都有。

······

学生能从共处、交融中认识自己,完善自己,认识他人,理解他人,认识社会,认识人生,从而形成团结合作的集体观念、积极向上的学习态度、平等互助的竞争观念,并由此形成良好的学风,进一步促进班风建设和校风建设。

离别之前

还记得初一开学时,妈妈拉着我来到宿舍,那时我还没认清自己已是一名初中生的事实,感觉一切都是陌生的,自己像一位不速之客,与周围格格不入,舍友们都以为我是一个文静内敛的女孩。初二,经过一年的相处,各自的"真面目"早已暴露,有时候我们会唱歌到很晚;有时候我们会莫名其妙地吵起来,但是一觉起来就忘了一切,我们就这样笑着闹着走到了初三。

中考之后何去何从?这是我们成长必须面对的问题。现在的我们依然嬉笑打闹,却经常以"学习"来结束话题。我们会因为学习压力而流泪,可是拥有一群陪你哭的朋友,就让你有了直面挫折的勇气。有时候看着大家的笑容,你会觉得"住校真好,有人陪伴真好"!

我们做过傻事,有过疯狂;我们也认真努力,共同成长;我们闲聊着明星,也忙着学习。我们始终相信时光能缓,故人不散。宿舍是家,收藏着我们的喜怒哀乐、点点滴滴。在这里,我们都变成了更好的模样。三年时光匆匆,我们为不快流的泪水,很短很短,而为鲜花流的泪水,很长很长!

三年的初中生活,宿舍文化也在不断变化发展。从初一的新鲜好奇,到初二的磨合交融,再到初三的日益成熟,宿舍的文化氛围在不断发生变化。在这种变化中,每一位成员都意识到宿舍文化的存在和发展。优美整洁的宿舍环境要靠大家用双手去创造和维护,团结友爱的宿舍人际关系要靠大家用诚心去培育和维持,积极健康向上的宿舍文化要靠大家用美德和智慧去营造和发展。

　　学生是宿舍文化建设的主体。从根本上说,宿舍文化是为学生成长成才服务的,是学生自己建设的文化,能增强学生自身的修养,它的发展始终与学生紧紧相连。加强学生的文化修养,提升宿舍文化品位,丰富宿舍文化生活,是学校文化建设重要的一部分。

　　回顾学校组织的各项活动,不乏围绕宿舍文化展开的。宿舍文化摄影大赛、公益广告设计活动、叠军被比赛等一系列丰富多彩而足以充分展现当代中学生宿舍文化的活动陆续开展,无不为学生展现亮丽的青春风采提供了广阔的空间。

班级文化，班级的灵魂

作为一名中学校长、基层教育管理者，除了做好管理的顶层设计外，我还经常深入管理一线调研。学生的管理体系一般由学校、年级、班级这三级管理组织组成，而班级作为这个管理体系中的最后一环，是最基础的机构，也是关键的一环。

古人云："蓬生麻中，不扶而直；白沙在涅，与之俱黑。"我一直在思考：在班级管理中，班主任接班初始要做什么？怎样的班级才有凝聚力？如何让学生的个性得到最大程度的释放？如何融德育于学生生活、学习和活动之中？

答案就在班级文化里。班级文化是一个班级的灵魂，优良的班级文化不仅能为学生提供良好的成长环境，还有利于建设积极向上、充满活力的班集体。近年来，我一直将班级文化作为校园文化建设的重要组成部分来抓，已取得了一些实实在在的效果。为了全方面掌握班级文化建设的情况，我与连续15年在班主任一线工作的詹薇老师就此话题进行了深入交流，希望本文能够让读者从中得到灵感和启发。

以下是我与詹老师的对话。

我：詹老师，学生处最近举行了一次班级文化大评比活动，作为此次活动的评委之一，我觉得欣慰的是，每个年级都涌现出了一些在班级文化建设方面做得非常出色的班级。随意走进一个教室，我都能看到教室整体布置整洁优雅，特色文化精彩纷呈。班级展示栏体现出团结、活泼、积极向上、富有朝气。"争章评星角""每月之星""读书园地""学生作品"等展示栏诠释着成长、自信、快乐，也给予每位同学展示自己风采的平台和机会。本次活动充分展示了学校教师尤其是各位班主任的智慧、审美情趣和艺术才华。作为班主任，你认为学校班级文化建设最大的特色是什么?

詹:我认为,我们学校班级文化建设现在最大的特色,就是以学习小组建设作为班级文化建设的主要载体。

我:你能否讲一下这种小组建设在你所教的班级产生了什么作用?

詹:以学习小组为基础"细胞"建设班级文化,突出了学生在班级文化建设中的主体作用,让学生实现了自我管理、自主参与和个性发展。

我:这是一条具有船山特色的班级文化建设新路。你觉得前期需要做哪些准备?

詹:我认为,前期最主要的准备是人的准备,选对了管理执行人员就能做到事半功倍。学习小组建设要在班主任的具体指导下进行,首先要选拔班长和副班长管理日常工作,每天还要设一名值日班长。接着要进行合理分组,将班级人员按照人数分为若干小组,一般 4 ~ 6 人一组,每个小组设小组长和学习小导师各一名。然后就是在充分讨论的基础上制订小组积分奖罚制度,做好班级日志。

我:通过你的阐述,我发现班级大多数人都加入到班级管理中,真正实现了人人有事做,事事有人做。在分配小组成员时,你是如何做到让各组均衡发展,合理竞争的呢?

詹:小组编排的好坏直接决定了班级文化建设的好坏。所以我划分学习小组时遵循各组成绩旗鼓相当的原则,一般情况下是参考学生的总体成绩来划分的。以把班级学生划分为 12 个小组为例,具体操作如下:先把全班学生按成绩从 1 开始依次排序,然后把他们按 1 到 12、12 到 1、1 到 12、12 到 1……的顺序依次编号,即

成绩排序:1、2、3、4、5、6、7、8、9、10、11、12、13、14、15、16……

编号:1、2、3、4、5、6、7、8、9、10、11、12、12、11、10、9、8、7、6……

这样,编号为 1 的同学一般分为一个小组,编号为 2 的同学一般分为一个小组,依此类推,1 ~ 12 个小组便分好了。如果算一下,会发现各组成员的名次相加总和差不多,平均分也相差不大。在小组人数相等的情况下,分配就更加均衡了。

我:这样的分组方法有可操作性和实效性,一方面保证了各小组实力相当,小组之间能公平竞争,另一方面便于不同层次的同学相互帮扶,

充分发挥了小组的帮扶作用。除此之外,我觉得小组内男女比例也要适中,这样做便于学习时合理分工,实现思维互补,提升竞争力。

詹:是的,在具体分组时,我们也做了这方面的考虑。除了兼顾性别外,我们还注意到了学生性格的搭配。把外向的同学平均分配到各小组中,让各小组都有展示的机会,进而得到更好的提升。

我:我建议分组时不同学生的优势学科与弱势学科也要优化搭配,应该让组内语文、数学、英语等各科都有带头人,不能所有人都偏某一学科,否则容易造成沟通时无人交流,帮扶时没人可指导。各小组成员根据学科优势和劣势进行合理微调,这样更便于帮扶与交流。

詹:校长,您说得很对。因材施教、因人而异才是小组成员分配的核心。好的团队需要好的领头羊,关于小组长的选拔,您有什么好的建议?

我:小组长是小组成员的榜样和灵魂,同时也是班级的一面旗帜,他要负责组员的组织、分工、协调、合作以及小组常规管理(检查、评比、跟踪反馈)和小组思想管理(组员思想动态汇报)。小组长选拔的成功与否,不仅关系到一个小组的"命运与前途",也会对其他小组造成一定的影响,所以小组长的选拔是小组建设的关键。小组长的选拔方式多种多样,但他必须具备以下几个优点:

1.学习成绩优秀;

2.性格外向;

3.有责任心,组织管理能力强;

4.自我要求高,充满正能量。

詹:我觉得小组长选拔出来后,还要组织培训,让他们明白自己的任务是什么,比如:

1.及时反馈和评价组员表现;

2.及时纠正组员的不足之处;

3.关注小组学习动态并一对一帮扶;

4.协助任课老师做好学习效果的抽查。

我:班主任要不定期通过小组长会议和一对一答疑等方式来加强对小组长的培养,只有加强对小组长的培养,才能不断提升小组长的团队意识、责任意识、管理能力和奉献精神。

詹：一个小组中，不但要有小组长负责管理和引领工作，还需要一位同学在学习方面引导和督促小组成员，我把这个人叫作学习小导师。学习小导师负责小组学习管理（作业、背诵、小组讨论）和小组互帮互助（一对一帮扶）等工作任务的落实。我认为，学习小导师必须具备以下条件：

1. 学习成绩较好；

2. 有较强的自学能力；

3. 有主动带动小组成员学习的热情和意愿。

我：在小组中，你用过什么办法来增强凝聚力？

詹：比如，我在班级开展了一个班徽设计活动，其实这个活动的目的就是让学生在设计过程中体会到班级的重要性，思考怎样把自己的想法融入这个班级，继而把自己希望的班级模样通过班徽设计体现出来。通过学生自主设计、自主讲解寓意、同学投票的方式竞选，让班级观念深深扎根于每个学生的心里。

有一个学生设计的班徽很有创意，是一个向日葵与太阳结合的图案（如图），寓意全班同学如向日葵般朝向太阳，心有阳光，奋发向上。"313"的数字排列呈向上趋势，寓意太阳照耀着313班，绿草生长，生机蓬勃，节节而上。"齐攀高峰"四字居于上方，表示313班在班主任的带领下，齐心协力、奋发向上、勇攀高峰。其中，"齐"表示全班同学的心是凝聚在一起的，突出了班集体的力量是强大的；"攀"表示全体同学不畏艰难、勇于上进；"高峰"是全班同学的目标，取自"无限风光在险峰"，寓意全班同学登上高峰，争做年级第一，全校第一！

学生设计的313班班徽

我：除了统一的标志和精神内涵外，我建议还可以以小组为单位组织一些社会活动，通过活动落实小组合作精神，让每个学生找到自己的归属感和认同感。例如，可以开展义卖、读书日、参观红色教育基地、我为船山增点绿等主题活动。

詹：校长，我这里有一个活动方案，您看一下，请您批评指正。

2019年寒假慈善义卖暨关爱流浪乞讨人员活动方案

一、活动时间

2019年2月14日。

二、活动区域

解放路、中山南北路、雁峰广场、学宫院、蒸阳南路地下通道等处。

三、参加人员

船山实验中学、成章实验中学、麓山国际实验学校部分人员。

四、活动顾问

学生家长。

五、活动安排

1. 活动费用：每人100元，用于批发鲜花（50元），购买报纸（2.5元）、午餐（25元）和爱心物资（22.5元）。

2. 购买物品：2月13日17：00，封逸凡、付明杰、王翔秋在市妇幼保健院前公交站台集合，去先锋路预订鲜花，购买物资，为每人批发玫瑰花12支（10支红玫瑰、2支蓝玫瑰）、报纸5份（由封逸凡家长负责联系），购买爱心物资，如手套、袜子、面包、方便面等。

3. 人员安排：王翔秋、封逸凡负责收支经费统计，付明杰、程科皓负责登记账目、公开收支情况。

4. 活动准备：每人准备一个干净的小桶用于装鲜花（桶的外面统一张贴"关爱流浪乞讨人员慈善义卖"海报），再准备零钱和剪刀；统一穿校服，背斜挎包（装报纸）；制作横幅，内容为"2019年寒假慈善义卖暨关爱流浪乞讨人员活动"（封逸凡负责）。

5. 活动行程：2月14日8：30所有成员在华天大酒店门前准时集合，张贴海报，分发报纸，领取鲜花，再去解放路、中山南北路、蒸阳南路销售；10：30所有成员在华天大酒店门前集合、交流,再视情况去妇幼保健院继续销售;12:00在附近餐馆就餐,中午休整;13:30—15:30做清底销售;16:30给雁峰广场、学宫院、蒸阳南路地下通道等处的流浪乞讨人员送温暖;17:30活动结束。

6.活动要求:以是否交活动费用确定参加人员,报名截止日期2月13日15:00;不恶意竞价销售,建议售价红玫瑰不低于10元/支,蓝玫瑰不低于15元/支,报纸不低于1元/份;个体经营,自负盈亏,联合经营,损益平分。

六、剩余资金去向建议

剩余资金捐给衡阳市慈善总会。

七、活动联络人

1.彭莉(船山实验中学封逸凡家长),电话:×××;

2.朱红(成章实验中学何毅家长),电话:×××;

3.廖桂英(麓山国际实验学校王翔秋家长),电话:×××。

假期社会实践活动联合小组
2019年1月21日

我:这个活动能很好发地激发学生的主人翁意识,增强学生对社会的认知,同时也能让学生赢得社会的认可。当然,有布置还要有反馈,有反馈还要有奖励,有效评价学生也是促进学生进一步发展的重中之重。

詹:是的。我们班建立了小组积分奖罚制度和班级日志,由每个小组自行制订小组组规,每周由班主任召开小组长会议研讨班级事务。小组长每周根据表现对组员进行评分,班干部对每个小组的一周积分进行评比,班主任则根据每学期小组积分情况和个人综合排名情况进行评比表彰,从守纪、守时、卫生、安全、课堂展示、班级服务、学习成果、行为习惯等方面全面规范小组建设。我们还引入了组内挑战加分制度,从考试目标达成、课后过关、听写、作业、最优组员、背书、高效学习等方面给表现优异的小组成员加分。同时还建立了监督机制,制订了小组成员积分表、每日小组积分一览表、每周小组积分一览表、每周个人综合评分一览表等积分记录表格,小组长将组员的加减分情况记录在表格里,加减分项目包括个人操行分和组分。表格内的评分项分为卫生分、作业分和课堂分,每天班干部会对积分表进行汇总,然后贴出来让大家监督。每周的个人操行分和组分都要汇总,并对每周小组积分进行排名。

我:建议实行奖励-约谈机制。每四周,对积分排名前六名的小组给予奖品奖励(奖品都是学生需要的一些学习用品),并对排名最后三名的小组进行班主任约谈。在约谈会上,每位小组成员都要做批评和自我批评。

詹:好的,校长。为了增强尖子生之间的竞争,我想在班级中搞一个擂台挑战赛,用学生的话说,这是一个没有硝烟的战场,看谁占领了谁的位置,谁把谁的名字盖住。

我:你的设想正是我所思考的,我们的想法不谋而合。希望我们学校的老师始终不忘学生的健康成长高于一切的宗旨,并在班级文化建设上能够不断创新,不断进取,让我们的学生在船山实验中学做一个幸福的船山人。

这一次与詹老师的深入探讨,更加坚定了我抓好班级文化建设的决心。因为每个学生文化价值观的树立都是从班级文化开始的,有什么样的班级文化,就会有什么样的班风,就能塑造出什么样的学生,这对每个正在成长的学生来说都是非常重要的。

教育是为了什么?教育不只是为了把知识传递给学生,而应该做到教书与育人并行,让学生成为一个思想健全的独立的人。文化教育不仅是知识的传递,更是一种素养和内涵的提升。班级是学校文化教育最基础的单位,做好班级文化建设,有助于不断推进整个学校文化建设,提升教育教学质量。

教
研
路
上

有备而来——三步六点备课法

"凡事预则立,不预则废""惟事事乃其有备,有备无患",只有课前进行精心预设,才有可能在课堂上实现精彩的生成。备课是教研活动的重头戏,早在1998年我就提出"功夫在课前,精彩在课堂,落实在课后",引导教师在备课上下功夫。此外,我还提出"四定四统一"(即定时间、定地点、定内容、定主讲人;统一教学进度、统一教案、统一课件、统一作业布置),并加强对集体备课的管理,做到每周必备,每备必查,把集体备课列为学校重要的常规检查之一。

但在实施过程中,我发现了重形式轻内容的问题。究其原因,主要是教师在认识层面存在误区。许多教师认为,备课就是写教案或抄教科书;集体备课有主讲人,自己不主讲就不需要准备。到最后,集体备课成了"教案之和",违背了集体备课的初衷,没有了教师的共同参与和讨论,更谈不上教师心灵的碰撞和智慧的结晶,有形无实,没有起到交流提升的效果,反倒成了为教师备课减负的妙招。

"独学而无友,则孤陋而寡闻。"这样的备课有几个弊端:

1.教师对他人的备课思路不清楚,教学效果欠佳;

2.备课缺乏研讨,教师教研水平得不到提升;

3.备课内容任务化,章节间的备课呈点状化,不利于学生知识体系的形成;

4.教师成长缓慢。

随着"345高效课堂"教学改革的深入,备课问题逐渐突显。为了提高集体备课的效果,充分发挥教师的潜力,我在备课内容和要求上做出了大胆尝试,对备课内容进行指导和细化,形成了一套集体备课法——三步六点备课法。

"三步"是指教师独备、集体备课,以及教师"三备"(即教师结合自己的教学特色和班情、学情进行备课)的三环节递进备课。其中集体备课是学校实施有效教学、提升教学质量的重要手段。"六点"即教学内容上的"重点"、教学方法上的"关键点"、学情上的"疑难点""易错点""兴趣点"、问题设计上的"探究点"。

一、教师独备——备好"两纲"

很多教师都有这样的感受:在对同一内容进行多次重复教学之后,就觉得一切尽在掌握之中,备课根本就是多此一举。事实上,对教学内容烂熟于胸、倒背如流,并不意味着做到了对知识的内化、活化和转化。

我对教师提出备课的第一步是独备,这一过程就好比学生在学习过程中先自学,目的是让教师静下心来,分析课程标准和教材。课程标准规定了国家对不同阶段学生在知识与技能、过程与方法、情感态度与价值观等方面的基本要求,以及各门课程的性质、各学科应达到的标准和内容框架。教材为学生的学习活动提供了基本线索,是实现课程目标、实施教学的重要资源。

独备时,我要求每位教师必须有初案,初案要基于对课程标准的研究对教材进行分析,然后整合教学资源,提出有效教学手段和方法。我还要求教师在独备时,要通过研究"两纲"(教学课程大纲和考试大纲),内化客观教学内容,将静止的、僵硬的、没有感情的知识具体化、动态化、鲜活化,并让其充满感情。每一节课的内容,只有对教师来说是丰满的、灵动的、富有感情的,才会让学生感觉新奇和富有感情。只有这样,才能做到对教学内容再创造,实现师生之间良好的互动生成。

二、集体备课

（一）集体备课之关联备
—— 把握整体，吃透教材，备好知识间的关联，形成系统

学科知识在不断发展——从低到高，从简单到复杂，从单一到复合，因此学科知识之间一定是存在关联的。教师在教学时需要从系统角度出发，由整体到局部呈现这种关联，避免"只见树木不见森林"，使教学更透彻、更高效、更丰满，呈现的不再是一个个零碎的知识点，而是一处风景、一片气象。

为此，我要求教师在开学前一周，分备课组在课程标准框架上对整个教材进行系统的研究和内化，确定教学的深度、广度和关联，进而确定重点和难点，熟悉章节内容，合理安排每学时的上课内容及其他材料。

学期内每周每科有半天集体备课时间，用于总结反思上一周的教学设计和集体研讨下一周的教学课时安排、教学内容、重难点突破、教学方法等。备课时，首先是分析教材，确定每节课的基本目的和要求，即明确每节课应让学生掌握的概念、原理，要解决的问题，培养哪方面的能力等；其次是确定每节课的主讲内容。在此基础上，再仔细研究该节课的内容与其他章节间的关联、与其他学科间的关联。学生的学习是由点到面的，因此，只有教师有意识地把知识系统化，才能让学生构建起自己的知识体系。

（二）集体备课之主备
—— 深钻细研，设计流程，备好重点和关键点

只有方法得当，课堂才会生动。集体备课有专门的备课时间，譬如，数学集体备课时间为周二下午，同一备课组的教师带上自己独备的成果参加集体备课。为省时间，一般先由主讲人讲教学程序设计，怎样导入新课，教学内容如何形象直观，板书怎样布局，哪个教学环节要变换教学方法，哪个教学环节进行问答、讲练、讨论、展示等。最重要的是讲如何突破教学重点，在突破时需要把握哪些关键点。

魏书生老师早在辽宁盘锦实验中学当校长时，就要求教师每节课的讲授不超过20分钟。经过多年探索，我提出了我的教学理念：精讲、多思、精练、互动，给学生更多的自主时间。如何才能做到精讲？这就需要教师在突出重点时有独到的方法，找准关键点，使教学做到深入浅出，化难为易，化抽象为具体，让学生感到"易学"。对于具体章节教学内容的分析，应结合教学大纲要求，认真分析，深入钻研，抓住知识重点，确定每章节的教学中心。在确定重点时，应由整体到局部，由表及里层层分析。

例如，在一次集体备课中，何宪鸿老师在主讲《图形的相似》一章时指出：相似三角形是重点，在相似三角形中又以相似三角形的三个判定定理为重点，在三个判定定理中又以第一个定理为重点。因此，教学中，应围绕定理1的证明来开展一系列教学工作。通过系列分析发现，定理1的证明是突破重点的关键点。

（三）集体备课之研备

——深入学生，研究学情，备好学生的疑难点、易错点、兴趣点、探究点

在明确教学的重点和关键点后，教师要开始思考教法。教是为了学，学生是学习的主体，有针对性的教学才能出实效，因此教师备课时要研究学情，分析好学生的疑难点、易错点，找准学生的兴趣点，设计好探究点。

1.备好疑难点。

疑难点一般是指学生在理解和接受上比较困难的知识点，是学生学习中的"拦路虎"。因此，在钻研教材时，要根据所教学生的知识水平、能力状况来分析教材，找出教学疑难点，然后遵循学生的认知规律去分析疑难点形成的原因，制订出切实可行的解决疑点、突破难点的措施，"对症下药"加以解决。

例如，在数学集体备课中，备《三角形全等的"边边边"定理》一课时，教师通过课前调研发现，学生不明白证明两个三角形全等为什么要用三个条件。为什么这个内容学生会觉得难呢？教师通过集体讨论，深入分析原因，得出结论：因为在解决复杂的数学问题时学生找不到问题的突破口。怎么办？经过讨论，我们找到了解决办法：给学生设计好"台阶"，

让学生拾级而上，从而解决疑点、突破难点。例如，设计以下问题：

（1）一条边相等或一个角相等的两个三角形全等吗?（或只满足一个条件的两个三角形全等吗?）

（2）两个条件包括哪几种情况？满足两个条件的两个三角形全等吗？

（3）三个条件包括哪几种情况？满足三个条件的两个三角形全等吗？

后来通过正式教学，我们发现学生对三角形全等的"边边边"定理这一知识点掌握得很好。

2.备好易错点。

在有些知识点的学习与运用上，学生容易出现错误，教师在备课时要做到心中有数。

例如，在矩形 $ABCD$ 中，$AB=3$ cm，$BC=4$ cm，设点 P,Q 分别为 BD、BC 上的动点，在点 P 自点 D 沿 DB 方向向点 B 作匀速运动的同时，点 Q 自点 B 沿 BC 方向向点 C 作匀速运动，移动速度均为 1 cm/s，设点 P,Q 移动的时间为 $t(0<t≤4)$。当 t 为何值时，$\triangle PBQ$ 为等腰三角形？

通过集体备课分析出易错原因：等腰三角形中腰和底不明确，分类讨论不全，忽视点存在的条件或运动范围导致漏解。

教师在集体备课中分析好哪些地方学生容易出错，出错的原因是什么，在授课时，有意地制造学生出错的机会，在学生碰壁后让他们交流，给学生留下深刻印象，从而达到教学意图。

3.备好兴趣点。

爱因斯坦说："兴趣是最好的老师。"教育家乌申斯基也曾说："没有丝毫兴趣的强制性学习，将会扼杀孩子探求真理的欲望。"兴趣是学习的重要动力，也是创新的重要动力，创新的过程需要兴趣来维持。

集体备课中，教师纷纷把自己了解的知识与生活实际联系起来，分享自己具体的情境事例，使知识做到从生活中来，到生活中去。如数学集体备课中，备《数轴》一课时，李明利老师提出先让学生观察温度计、米尺等生活用品，它们都是生活中的数轴，从而引出数轴的概念。生物集体备课中，备《性别决定》一课时，陈雷蕾老师以自己一家作为生男生女的具体事例进行分析,课堂中学生情绪高涨,教学效果非常好。

成就感是一个人保持对某一活动兴趣的源动力,这就要求教师要因材施教,分类要求,区别对待具有不同思维能力、思维特点和学习基础的学生,采用"登门槛效应",尽量让每位学生都感受到成功的快乐。

4.备好探究点。

孔子说:"不愤不启,不悱不发。"《学记》中言:"道而弗牵,强而弗抑,开而弗达。"教师应该在课堂上千方百计地让自己少讲、精讲,让学生多思。

在某种意义上,教与学就是面对问题、解决问题的过程。但一节课时间有限,教师在设计问题或引导学生提出问题时,需要找好探究点,提出好问题。提出好问题对于教学来说具有双重意义:一是问题解决的过程是学生学有所获的过程,是教学目标实现的过程;二是问题本身是教学的线索,是牵引、驱动教学的重要力量。

例如,生物课中《嫁接》一课,学生需要掌握嫁接的过程、原理、方法以及嫁接的优点。如何找到合适的探究点,让学生把杂乱的知识联系在一起? 生物组教师在集体备课中各讲其法,最后统一思想,设计了探究点:什么是接穗? 什么是砧木? 让学生分小组讨论后展示。学生展示时,要讲清楚接穗和砧木的定义。有些学生会借用工具模拟,这一过程中自然而然会讲到嫁接。然后通过同学间的系列质疑:嫁接怎样才能成功? 接穗可以用植物的哪些部位? 嫁接后植物的各部分将开什么颜色的花,结什么味道的果? 最终完成教学目标。

总之,在集体备课中,教师应尽量站在学生的角度思考,保持一种与学生共同学习的心态,"想学生所想,苦学生所苦,思学生所思",切实从学生的认知水平、知识基础和情感态度上考虑,做到从学情出发,让课堂满足学生的心理需求,让学生已有的生活经验和知识在学习中得到体现。

三、教师"三备"——备个性化教学

网上有这样一则报道:一所学校对外公开五堂课,五位教师上的都是同一课题,听课教师听到的五节课都是一个模子:一样的导入,一样的话;一样的讨论,一样的题;一样的过程,一样的调。这使得听课教师有点纳闷:为什么五节课如出一辙呢?后来大家才知道,这五位教师事前经过了集体备课,他们将集体备课后的"成果"原封不动地搬进了自己的课堂,照本宣科。

教学有法,教无定法。集体备课的本义在于,通过集体备课,互利互惠,相得益彰,使教学过程真正达到最优化,既发展学生,又成就教师。但由于各班学生都有其各自的特殊性,教师也各有其个性化的教学风格和特长,因此,在集体备课的基础上,我大力提倡教师结合本班实际和自己的"独具匠心",充分发挥教学的主观能动性,采用最为合理有效的方案和手段来施教。

为了促进教师"三备"的真正落实,学校一方面大力宣传教师的个性化教学,在校园网上开设"肖校长评课"专栏,发现优秀的"三备"个性化创造性课堂;另一方面通过开展大量活动,如公开课、示范课、研讨课、同课异构等,来促进教师个性化教学,让每位教师都形成自己独特的教学风格。

所谓教学,其实是两件事:一是教师在"教"的过程中,从学生身上学习功课;二是教师在"学"的过程中,成为更优秀的教师。我校通过主抓备课环节,让教师在教中学,在学中教,不断自我优化、自我成长和持续发展。

高效课堂的秘籍——导学案

我们关于导学案的探索与实践,可以追溯到2012年,学校组织教师到汨罗、扬州等地的课改学校学习课改模式。我们绝大多数教师认为:学校现行的教学模式不利于调动学生学习的积极性,不利于教师因材施教和学生个性发展,不符合课改要求,偏离了教育规律和学生发展规律,极大地限制了教师的专业发展和学生的健康成长。为此,学校通过请教各级教研机构专家,决定推行"345高效课堂"模式,辅以学案导学,以生物学科为先行试点,积极开展学案导学课堂教学模式的研究和实践工作。

在实践过程中,我们产生了不少困惑,如导学案与教材的关系、导学案与练习题的关系……这些问题促使我们不断反思与重建,逐渐摸索出一些具有学科特色的导学案实施策略。

一、导学案——教与学之间的桥梁

学校的中心工作是教学。教什么?怎么教?学什么?怎么学?答案绝不是教教材、学教材。

"教"是为"学"服务的,学是目的。因此,导学案是为了方便学生学而设计的,研究的是如何学,而不是为了方便教师教。合格的导学案,最重要的是具有一定的功能。"导"即指导、引导。导学案就像旅行中的路线图、汽车的方向盘、古时航海用的指南针一样,学生从"入口"进入,循着"导"的标志牌,通过自己、同伴和教师的共同努力,找到最后的"出口",完成课前的基本预习,以便带着成就、带着展示的欲望、带着需要解决的问题进入课堂。

"导学"即围绕目标和环节有效地引导学生学习。导学案对各个学习环节都设有学法指导。目标和环节为学习指明了方向和路线，而学法指导就在于告诉学生怎样走，相当于学生学习的"向导"。它是引导学生学习的前提和保证。学法指导贯穿始终，主要包括知识识记和技能训练的方法指导、问题的处理策略指导，要明确告诉学生从哪些角度进行观察、记忆、联想、对比、归纳、思考、讨论等。对于课堂教学而言，最低级的课堂就是"唯知识"的讲授课堂，不教而教的课堂才是高级的课堂。换句话说，那些不用教就能让学生学会的教师才是好教师。比教授知识更重要的是培养学生的学习能力，而学习能力的培养需要一个载体，这个载体就是导学案。

导学案是一种方案设计，通过这种方案设计来"以问拓思，因问造势"。它不是学习材料的堆积，更不能代替教材。在学习中，学生要植根于教材，利用导学案的辅助功能，帮助自己解决学习中的困难。学生拿到导学案，明确学习目标后，要抓紧回到课本，先把课本内容提纲挈领地复制到自己的大脑中，形成问题后，再循着导学案指示的方法、搭建的"桥梁"努力独学。设计导学案问题时，应注意多设疑，在"无疑—有疑—无疑"的过程中，使学生由未知到有知、由浅入深、由表入里、由此及彼地掌握知识，增强学习能力。问题的设置应当由浅入深，由易到难，充分考虑学生的基础和认知规律，着力设计开放型问题或有认知冲突的问题，以激发学生的学习兴趣和探究欲望。

二、依托"345高效课堂"模式的"三级五步"导学模式

"三级五步"导学模式依据自主、合作、探究的教学理念，遵循循序渐进、因材施教的教学原则，通过"三教三不教"（即教重点，教难点，教拓展点；学生自学会了的不教，学生合作学习能学会的不教，教了学生也学不会的不教），提高课堂教学的针对性，实现了变学生被动学习为主动学习、变学生学会为学生会学、变权威课堂为民主课堂的变化，提高了学生的学习兴趣，提升了课堂教学质量。

"三级导学"是指基础知识导学、基本能力（包括观察、动手、动口、质疑、解疑、合作等能力）导学和综合能力导学，它们都是在课堂上完成的。

"五步导学"是指课堂上按确立目标、自主学习、组内探讨、交流展示、评价反馈五大步骤进行导学。为了保证导学任务的完成,教师课前必须设计好导学案。

以课时为基础,以单元为段落,"五步导学"导学案主体部分分为学习目标展示案、自主学习案、合作学习案、展示交流案和课堂检测案五部分。此外,还可补充课前准备案、课后提升案等。下面以生物学科为例,作简要说明。

1.学习目标展示案以问题形式展现,有利于学生全面了解本节课要掌握的知识目标。

2.自主学习案重基础、重知识的广度。

在学生明确学习目标后,把一节课的基础知识以填空题的形式呈现,让学生通过自学教材在8分钟内填好。完成自主学习案可使学生对一节课的学习目标做到心中有数。

3.合作学习案重能力、重知识的深度。

在合作学习过程中,学生一般先互相比对自主学习案的题目答案,对不同的地方进行探讨,然后检索合作学习案中的问题提示,弄懂基础知识。高质量的合作学习案是新课改的推手,学习小组经过各抒己见、讨论、甄别,形成小组结论后,又同别的小组一道交流展示。在这个过程中,学生的团队合作能力、语言表达能力、参与意识等都在悄悄地提高。

4.展示交流案重提升、重知识的关联度。

学生在合作学习时,需要弄懂自主学习案和合作学习案中的问题,并准备交流展示。展示交流案中会设计1~2个学生易错、易混或有点难度的问题,题目是教师在充分吃透教材、备好课、确定一节课有价值的探究点后设置的。设置原则是:有探究价值,有趣味,联系生活实际,源于教材又高于教材,考验学生对基础知识的运用能力。如《人的生殖》展示交流案中设置的问题是:有些药品的说明书上写着"孕妇慎用""孕妇禁用",为什么?人们常说"十月怀胎,一朝分娩",这种说法准确吗?请说明理由。对于这样的问题,需要学生理解本节课各知识间的关系,通过综合分析才能回答,主要是为学有余力的学生设计的。这样的问题能培养学生的发散思维以及分析问题和解决实际问题的能力等。

5.课堂检测案重总结、重学生的知识掌握度。

课堂的总结环节是学生当堂做课堂检测案中的习题。课堂检测案能帮助教师准确了解这节课的教学效果,以便教师进行教学反思。例如,地理课堂检测案一般设置5个选择题、1个读图题(一般不超过5个空),学生做完这些题一般用不到5分钟。课堂检测案要覆盖重点、难点和关键点,这样学生在做完检测题后,对本节课的内容即自觉地回想了一遍,一节课的知识体系自然在头脑中形成了,而且总结和练习二合一,没有作业负担又有成就感。做检测题使学生对知识的理解和记忆,比起传统课堂上的归纳和总结要深刻得多,做到了堂堂清,提高了课堂效率。

6.课前准备案和课后提升案重延伸、重学生兴趣的培养。

课前准备案和课后提升案一般是一个开放性问题,如《人的生殖》这节课的课前准备是"采访妈妈"。补充案设计的问题大多是学生能自主完成的,具有体验性和趣味性的问题,有助于学生形成学习习惯并认同"学习是自己的事",从而主动去学。课后提升案中的问题设置贴近生活,让学生学以致用,把知识"内引外联",让学生愿学、会学、活学。

心理学研究告诉我们,唯有当学生能自由参与创新,自主实现知识的个人意义时,学生的身心方才处于最佳状态,思维方能被激活。以学生为主体,就是要在学习过程中让学生成为认识的主体和思维活动的主体。

《人的生殖》导学案

【课前准备】采访妈妈

1.妈妈什么时候怀孕的? 我什么时候出生的? 从妈妈怀孕直到我出生期间共计多久?

2.妈妈在怀孕初期的三个月和怀孕后期的三个月分别有哪些不舒服的反应?

3.我出生时,是自然分娩还是剖宫产? 如果是自然分娩,妈妈从开始疼痛到生下我共经历了多长时间? 妈妈的感受是什么? 如果是剖宫产,整个过程中妈妈的感受是什么?

采访完毕,请对妈妈说一声:谢谢妈妈! 您辛苦了!

【学习目标】

1.掌握人的生殖系统的结构及各部分的功能。了解男性与女性生殖系统的结构和功能的相似点及区别。

2.掌握人的生殖过程。

3.掌握胎儿与母体物质交换的方式。

【自主学习】

1.对照课本第9页图片Ⅳ-3到Ⅳ-6,自主学习,按顺序认识各个结构的名称和主要功能(写在名称边上)。

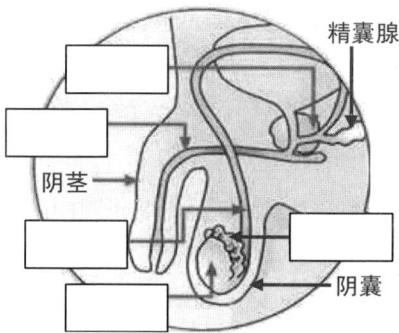

男性生殖系统   女性生殖系统

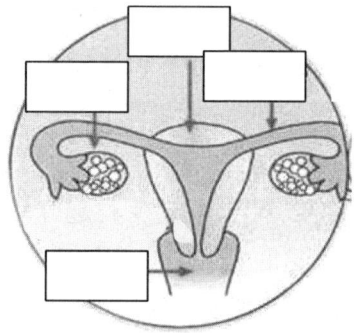

2.阅读课本第9到11页,观察图片Ⅳ-7到Ⅳ-10,了解人的生殖过程,思考:

(1)人的生殖过程包括哪4个过程?

(2)男性、女性产生生殖细胞的结构分别是什么?男性、女性的生殖细胞分别是什么?

【合作学习】

1.比较男性和女性的生殖系统,找出其结构和功能相似的地方,并记录下来。

我们组内讨论比较后,认为:

(1)男性的____和女性的____有相似的结构。

(2)男性的____和女性的____有相似的功能。

2.人的生殖过程包括____、____、____、____。

(1)男性、女性产生生殖细胞的结构分别是什么?男性、女性的生殖细胞分别是什么？

（2）什么叫受精？受精的场所在哪里？

（3）受精卵形成后会发生什么变化？胎儿与母体物质交换的场所是什么？

（4）什么叫分娩？

【展示交流】

1.学生展示合作学习成果。

2.思考以下问题进行展示（选做）：

（1）有些药品的说明书上写着"孕妇慎用""孕妇禁用"，为什么？

（2）人们常说"十月怀胎，一朝分娩"，这种说法准确吗？请说明理由。

【课堂检测】

1.我会填空。

（1）男性、女性最主要的生殖器官分别是_____、_____。

（2）生殖细胞是指_____。

（3）受精的场所是_____。

（4）胚胎和胎儿发育的场所是_____。

（5）胎儿与母体物质交换的器官是_____。

2.我会判断。

（1）受精卵的形成是一个新生命的开始。　　　（　　）

（2）胎儿的血型与母体可以不相同，一般情况下不发生血液凝集是因为母体与胎儿的血液不直接相通。　（　　）

3.我会选择。

（1）下列关于男性、女性生殖系统的叙述，错误的是（　　）

A.睾丸和卵巢是主要的生殖器官

B.男性的生殖系统包括睾丸、附睾、前列腺、膀胱等

C.附睾能贮存和输送精子

D.子宫是胚胎和胎儿发育的场所

（2）计划生育是我国的一项基本国策，小明的妈妈采取了

教研路上

结扎输卵管的避孕措施,这种措施能　　　　　　　　　　　（　　）

A.使卵细胞不能形成　　B.使精子不能进入子宫

C.使性激素不能分泌　　D.使卵细胞不能受精

【课后拓展】

1.饭后催吐,能否坚持3个月?(模拟早期妊娠反应)

2.腹部揣3个实心球(2千克/个),能否坚持5个月?(模拟中期妊娠体验)

3.夜里睡觉不能随便翻身,能否坚持2个月?(模拟后期妊娠体验)

4.夜里睡觉每2小时醒一次,能否坚持一年?(模拟哺乳期照顾婴儿)

5.查找资料,了解相关知识:

(1)双胞胎。

(2)试管婴儿。

(3)早孕的危害。

所有的站立，都垫着清醒和谦卑

深夜，我又一次行走在校园里，此刻，教室里一盏盏灯都已熄灭，学生们已回到宿舍休息，还有为数不多的班主任步履匆匆，走在回家的路上。一切看似合理而又有条不紊地进行，此时我虽足够清醒，但一些迷茫还是涌上了心头……

回忆起这些年，我听了无数节数学课，大部分教师完全践行着以教学质量为核心的基本理念，课堂上充斥着"功利"的味道。做题，改错，再做，再改，教师"孜孜不倦"地辛勤劳动，却换来了学生对数学的畏惧与反感。偶尔有教师在课堂上有自己的想法与创新，却被成绩这一标尺重重压垮。

"每个人都被河水洗过，都有一片土地"（顾城），未经凝视的教育毫无意义。面对浮泛着功利和急躁的现实之河，我想给学生一些时间和空间。虽然我校教学质量名列前茅，给我带来了无上荣耀，但是除了成绩之外，我还想给学生更为广阔的思考空间。我既是这所学校的校长，也是这所学校一名普通的教育者，我要用我的肩膀垫起学校的根基，垫起学生与教师的未来……

2016年12月，在省电化教育馆、省基础教育资源中心、市教育局、市教科院等各级领导的重视与关怀下，以本人名字命名的工作室在这样的初心下成立了。"肖高君数学名师工作室"是衡阳市唯一一个初中数学工作室，倍感压力的同时，我也想通过这个工作室，集结一批热爱教育事业的数学教师，与我共同探讨研究，有目的、有计划、有步骤地传播先进教育理念和教学方法，以学生为主体，开展教育教学重点问题研究，努力使之成为本地区初中数学教师交流思想、智慧互动的平台，实现优质教育资源共享，让更多的学生沐浴在"解放思维、拒绝机械"的阳光雨露下。

当初的理想就是这么简单美好，一路走来，花香满地，点点滴滴，都值得珍惜……

一、那些年实现了的理想

2018 年 3 月 16 日，在衡阳市数学学会 2018 年年会上，我以工作室主持人的身份作为市初中数学组特邀嘉宾，做了题为《初中数学教师之家——肖高君数学名师工作室》的专题报告；工作室何宪鸿老师做了曾获 2017 年国家级赛课一等奖的《幂的乘方》一课的说课展示。我的教育教学理念及学生思维个性化培养方法，得到了大家的认可，除了感动之外，我心里更加坚定了信念。

2018 年 4 月 1 日，衡阳市中考攻略解读会暨《挑战压轴题》"衡阳之行"主题分享报告会由我工作室举办。会上，《挑战压轴题》作者——中学数学高级教师、几何画板研究专家、上海名师马学斌老师，就衡阳市压轴题做了题为《等腰三角形存在性问题》的报告；湖南省优秀教师、长沙市麓山外国语实验中学教科室主任王小武老师，就 2017 年衡阳市中考题第 26 题做了两堂精彩的示范课展示。来自全市各区、乡镇的近 200 名教师来到现场，会场气氛十分热烈。我们在思维解放和应试教育间搭起来了一座桥梁，让学生学得有收获，有启发。

2018 年 4 月 22 日，我工作室承办的"市培计划"（2018）——衡阳市市直属初中数学"基于核心素养下中考数学复习课模式构建"示范项目在船山实验中学举行，来自全市的 152 位中学数学教师及衡阳师范学院数学与统计学院卓越班的 30 位准数学教师参加了培训。如切如磋、如琢如磨，湖南省中小学教师发展中心李再湘教授、衡阳市教科院曾红斌主任、湘潭市第十六中学刘卓曦主任，以及我工作室的欧阳瑞芳组长、何宪鸿组长、陈静副校长、吴鹏老师、匡曦红老师等，为全市（准）数学教师呈现了一场思想与实践的研讨盛宴，得到了上级领导的高度肯定和全市教师的赞赏。

为了切实提高一线教师的教学水平，保证教学质量，实现教师共同成长，2018 年 10 月 13 日、14 日，在衡阳市教育局的指导下，由衡阳市中小学教师发展中心和船山实验中学组织、承办的"国培计划"（2018）湖南省中小学"送培到县（市）"项目衡阳数学学科研讨活动,在船山实验中学顺利召开。我工作室骨干成员何宪鸿老师与来自衡阳实验中学的资慧庭老师及长沙教学名师刘小莉老师、王天乐老师一起上了精彩的示范课和研讨课,长郡雨花外国语学校陈劲松书记做了微讲座,李再湘教授亲自点评指导并做了数学教学理论讲座,让全市数学教师现场接受了先进的教学理念和方法指导。

2017年,我工作室顺利录制了在线会客室《数学实验在初中数学教学中的应用》一课,并获得了省二等奖。工作室的骨干教师和青年教师还屡次获得市级、省级、国家级奖项。

近三年来,工作室成员进步很大。王宇婷老师在中国教育学会中学数学教学专业委员会主办的第十届初中青年数学教师优秀课展示与培训活动中,以精湛的教学艺术和完善的课堂设计征服了全场专家和教师,荣获全国一等奖;邹清宴老师的《一次函数的图象与性质》、刘小鹏老师的《余角和补角》在2017年的"一师一优课、一课一名师"活动中荣获部级优课一等奖;谢成老师在2017年的湖南省中学数学教师解题大赛中荣获省一等奖;2018年,李彦夫、赵申仪、彭谦老师在衡阳市授课竞赛中荣获一等奖。

二、穿越群体,我并不孤单

（一）一个人,一群人

诗人格奥尔格·特拉克尔曾说,与你同行的人比你到达的方向更重要。一个人可以走得很快,但一群人才能走得更远。我是相信这句话的,工作室也应该有自己的联盟。于是,我们与衡阳师范学院、南华大学结成校际联盟,联合开展交流研讨、专业共建、互促互进活动,并为衡阳师范学院提供优质实习服务。为发挥工作室的示范作用、扩大名师影响力,我们开展了很多有意义的活动。我们与衡阳师范学院数学与统计学院结盟,确立了不同的研究方向。不同的课堂演绎让爱好数学教学的教师们进行思维的碰撞和智慧的交锋。

我们提出了"USR+"校本教研计划。其中,U指university(大学),S指secondary school(中学),R指room(工作室)。联盟在课题申报、论文合作、课例研讨、青年准教师的培养等多个领域进行资源共享、合作交流。2017年5月24日,我带领工作室茹慧香、蒋颖洁、何宪鸿和李鼎一四位老师走进衡阳师范学院,与该校数学与统计学院2017届毕业生就数学教学、班主任工作、名师成长经历展开分享交流。工作室与高校联盟,将已有的丰富的一线教学实践经验和实践条件与高校先进的教育教学理论相结合,通过交换互补性资源形成合力,实现多赢。

(二)"与"是遥远处伸出的一只温暖的手

我们与衡阳师范学院、与南华大学牵手出来的是智慧,而我们与乡镇学校、与贫困地区牵手出来的是温情。我们多次送教下乡,送课到衡阳常宁、耒阳,湘西土家族苗族自治州花垣县,新疆鄯善县。我们与那些偏远地区的孩子们、与那一双双天然清澈的眼眸相遇,当我握住送教学校孩子的一只手时,我霎时感觉像握住了整个宇宙。感谢这只温暖的手,让我的脚步更加坚定。

目前,我工作室共有成员210人,分别来自衡阳市、衡阳县、衡南县、衡山县、祁东县、常宁市、长沙市、娄底市、益阳市、永州市、邵阳市、邵阳县、郴州市、湘乡市、涟源市等不同地区,我们因为热爱初中数学教学而相聚在一起。

又是一个晚上,船山实验中学的所有教室一片通明,教师和学生们按部就班地上着晚自习。走了那么远,不就是为了寻找这一盏盏明灯吗? 远处的星光,愿你照进教师和孩子们的心田,我想借你的清辉,洗净生命与未来的尘埃。

我不是校长,我是教育工作者。

多元课程

面向未来的教育——多元课程体系

"教育者,非为已往,非为现在,而专为将来。"蔡元培先生曾这样诠释教育的真谛。一百多年前杜威就说过:"如果我们仍然以昨天的方式教育今天的孩子,无疑就是掠夺他们的明天。"那么,面向未来的教育应该是什么样的?

"心忧天下,敢为人先,实事求是,趋时开放",是湖湘文化最核心的精神特征。"趋时"是谁讲的呢?是王船山。所谓趋时,就是与时俱进,它讲的是趋时更化、趋时更新。面向未来的教育也应如此。当今世界正处在一个大发展、大变革、大调整时期,面向未来社会,教育决不能故步自封,而必须与时俱进,积极做出改变,用传统文化浸润现代人文精神,培养造就全面发展的一代新人。

课程是教育理念和教学内容的载体,更是一个学校办学理念的体现。在课程设置上,我们优先考虑的是:如何在确保学生身心健康发展的前提下,提高学习效率?如何在尊重学生兴趣和个性的基础上,通过自主合作的方式取得令人满意的成绩?如何在夯实学生基础知识、基本技能的同时,又面向学生的未来和全面发展?

为此,我校紧紧围绕培养"有国际视野、竞争意识、健全人格、全面发展、特长突出的中国人"这一目标,通过不断探索、调整和整合,在国家课程、地方课程和校本课程的基础上,对课程体系进行了重新构架,形成了基础课程、拓展课程和实践课程相结合的多元课程体系,具体如下表。

船山实验中学的多元课程体系

课程类型	设置形式	主要目标	课程内容
基础课程	必修	实现国家课程,重在落实三维目标、培养核心素养	语言:语文、英语 人文:历史、政治 科学:数学、物理、化学、生物、地理 艺术:音乐、美术 技术:信息技术 健康:体育、心理健康
拓展课程	选修	扩大知识领域和学习空间,重在激发学生的兴趣与潜能,为未来发展奠基	科学技术类 社会文化类 生活技能类 语言工具类 心理品质类 运动竞技类 艺术修养类
实践课程	必修+选修	让教育回归生活,重在让学生展示独特个性和生命智慧、感受人格和自我成长	社团实践 主题实践

从上表可以看出,各类课程围绕着学生的未来发展各有侧重。

一、基础课程——"和而不同、美美与共"

基础课程是学生发展的起点,也是全面落实三维目标、培养核心素养与塑造人格的主要媒介和资源。我经常对老师们说"我们要为未来而教"。为未来而教,就是要切实培养学生适应终身发展和社会发展需要的必备品格和关键能力。

"和而不同、美美与共"的教育境界是我校基础课程的共同追求。其中,"和"是指所有学科都指向核心素养的总目标——培养全面的人;"不同"体现在每门学科都有其特有的育人功能和学科特色。我们要挖掘每门课程重点承载的要点,根据不同的学科体系,采取不同的教学方法,从不同角度互补、互动,共同和谐地发展。

令我骄傲的是,通过不懈追求,我校不少学科下狠功夫,创出了特色,成为众多兄弟同行交流学习的"必经之地"。

还记得 2018 年 9 月 7 日,华东师范大学出版社副总编李文革老师亲临我校,出席我校"华东师大数学教学特色学校"授牌仪式。李文革老师对我校数学实验教学给予了极高的评价,他说:"在提倡素质教育多年的今天,我们不得不重新审视传统的教学模式,探索各种有益的教学补充形式,使我们的数学教学水平和教学效果更上一个台阶。数学实验教学的提出是一种必然,也是一种需要,更是新课程改革精神的体现形式之一。"

我们将数学实验课具体分为实物操作型、思维型、计算机信息技术模拟型三类,把初中数学教材(华东师大版)中适合实验操作的课型分年级、分章节、分类别地整理出来,并精心制作教学课件,做好教学设计,编写好相应的实验实施方案、实验注意事项和实验指导手册,集时效性、可操作性、简洁性和直观性于一体,现已形成具有船山特色的数学实验教学理论、课型、实施策略等。此外,我们还以"肖高君数学名师工作室"为平台,将科研成果以论文、专著、研讨会、报告会、名师论坛、公开教学、现场指导、观摩考察等形式在全市范围介绍、推广。

开放的课程,才是未来的课程。课程不仅是几个学科,更要让孩子面向丰富多彩的生活;不仅为了提高解题能力,更要通过课程提高问题解决能力;不仅为了提高学科能力,更要以此提升学生综合素养;不仅为了分数,更要着眼于未来学习。这样一种思想指引我校各学科百花齐放,如语文学科的"聚焦语用、交际语境写作"、英语学科的"人机对话"、生物学科的"三级五步导学"……

不仅如此,我校对于非中考、会考科目同样重视。自 2007 年,我校就将心理健康课设为常规必修课程,坚持心理健康课以常规教学为基础,同时多样化呈现。该课初一、初二每周 0.5 课时,初三以团体辅导和讲座的形式开展。其中,"青苹果女孩"女生辅导课以选修课形式在初一开展,"中考,你好"以团体辅导和讲座形式在初三开展。

今年会考前夕,我听了黄樊老师上的一节心理健康课,让我印象很深,现特拿出来与大家分享。

《当会考来敲门》团体辅导课教学实录

【教学目标】

1. 接受并能正确面对生地会考带来的负面情绪。

2. 学会积极思考,乐于接受自己、爱自己。

【教学对象】

初二学生。

【教学准备】

1. 教具类:多媒体播放器。

2. 资料类:《乌鸦与乌龟》游戏材料、《减压冥想指导语》录音。

3. 学案类:《我手知我心》学案。

4. 场地布置:学生6～7人一组,课桌椅分组摆放。

【教学过程】

一、导入:《乌鸦与乌龟》

活动规则:全体起立,小组成员围成一圈,双手伸出,右手掌心向下,左手食指垂直向上,与相邻同学左右手连为一线。听指令,当老师说到"乌鸦"和"乌龟"时,用右手迅速抓旁边同学的左手,同时左手收回不要被旁边的同学抓住。

材料:森林里有一间小小的城堡,里面住着可怕的巫婆和她的仆人乌鸦。突然有一天,天上慢慢飘来一片片乌云,转眼间就乌黑乌黑的,什么也看不见,不一会儿就下起了大雨。在狂风暴雨中,巫婆听到有人在敲门,开门一看,原来是一只乌龟,还有一只乌贼。它们请求巫婆让它们进屋。巫婆同意了,可是乌鸦不同意,它和乌龟是多年的宿敌。雨越下越大,大家越吵越凶,乌贼指着乌云对巫婆说:"雨这么大,乌鸦却不让我们进去,我和乌龟都会生病的,你再不开门,我一定会让你的城堡变得乌烟瘴气的。"最后,巫婆还是没有给它们开门。没多久,雨停了,太阳出来了,乌云也散了,巫婆和乌鸦这才打开门,看见乌龟早已冻得缩成一团。

分享活动感受：

师：做这个游戏时你的内心是什么感觉？

生：紧张、激动。

师：那么在你平时的学习和生活中出现过这种感觉吗？

生：出现过。

师：在什么情况下出现呢？

生：考试、爸妈和老师批评时。

……

教师引导：学习和生活中总会出现各种不顺心的事，让我们感觉紧张、有压力，特别是现在大部分同学的头号烦恼——即将到来的生地会考。你有没有做好迎接的准备呢？让我们走进今天的团体辅导课。

二、直面生地会考

分享与讨论：

师：你希望自己考成什么样？

生1：及格。

生2：班级平均分。

生3：双百。

……

师：你现在是什么状态？

生1：紧张。

生2：痛苦。

生3：一般。

……

师：是什么阻碍你达到你的目标？

生1：心态不好。

生2：心浮气躁。

生3：没信心。

……

教师引导：看来大家都有各自的担忧，那我们应该怎么办呢？接下来，老师带领大家进行一段冥想练习，希望你在这段冥想中找回自己。

　　现在请你闭上眼睛，深呼吸，舒服地坐在椅子上，把脚放在地板上，两腿不要交叉，慢慢闭上你的眼睛。深呼吸，吸气，感受腹部轻微的拉伸，呼气，感受腹部轻微的收缩，尽可能在每一次呼气和吸气间有小小的停顿。不要刻意控制你的呼吸，只需要简单地让它自然进行就可以了。尽可能体验当下，此时没有什么问题需要解决，也不需要达到任何特殊的状态。尽可能只允许你的感受存在，这就是你的感受。现在你的呼吸开始游移（心理），慢慢地，你的意识来到想法、生活、学习中，想想每次生地会考后的情景，或者遇到麻烦时自己的想法，你的内心是什么状态？是不是失败、糟糕、烦躁、沮丧、郁闷等出现了，是不是担心爸爸妈妈看到你这样的成绩会很生气、很失望？是不是担心同学们会嘲笑你的分数？是不是担心你拉低了班级平均分？有没有感觉到紧张、伤心或难过？看看那个紧张、伤心或难过的部位在哪里。看着那个紧张、伤心或难过的自己，说："好的，现在这件事就是这个样子的，我接纳现在自己没考好的结果，我允许自己此时内心的情绪和身体的感觉此刻保留一会儿，接受事情本来的样子。"（停顿10秒）接受事情本来的样子，不要害怕，放松自己，放松，没有关系，来，观察自己，发现自己。你是一个勇敢、有恒心、有毅力、自律的人，告诉自己这次考试不理想只是遇到了一个挫折而已，你不是输不起的人。爸爸妈妈批评你是希望你能考好，他们不会因为你考不好就不爱你了。你依然是你的骄傲，你依然为你自己感到自豪。现在在你面前站着一个小孩，那个小孩是你自己。看看那个小孩，看看那个紧张、伤心或难过的自己，好好看看，然后你现在可以过去拍拍他，拥抱一下他，告诉他："你现在很放松，你能面对考试的结果，你能面对爸爸妈妈的批评，你能面对生活的烦恼。"紧紧地拥抱他，然后慢慢松开。现在你可以放心地离开他了，他现在很放松。现在慢慢回来，感受此时此刻，感受一下你此刻全然放松的感觉。记住这个感觉,慢慢睁开眼睛,呼气、吸气,回到现实中来,回到当下,回到课堂中来。

冥想分享:

师:你们有没有看到自己?那个自己是什么样的?

生1:我哭了,原来我最担心的是输不起。

生2:原来我一直担心我考不好,父母就不爱我了。

生3:我会对以前的自己说我是有潜能的。

……

教师引导:同学们,当我们遇到烦恼、挫折、解决不了的问题时,我们就会有压力。当压力来临时,我们要静静地接纳它,接纳自己的不完美。

三、"我手知我心"

1.用笔在白纸上描绘出自己的手掌形状。在生地会考备考过程中,你对自己有哪些认识?请你分别写在纸上你画的5个手指头上。

(此环节同学们可能会从主观和客观来分析自己,因为冥想的作用在此环节依然奏效。活动分享时可能举手发言的同学较少,所以教师需在活动过程中提前观察,发现有代表性的同学,并鼓励这些同学站起来分享。)

教师分别加以引导:

(1)写学科差的:

请看着你写的手指,对自己说:"我不害怕,没有关系,虽然我现在这门功课差,但是没关系,我会努力的,我只是现在感觉不好,以后我会慢慢好起来的。"

(2)写不好的:

全班写了不好的同学,我们一起来面对,告诉自己:"我现在是这样没关系,我以后会慢慢好起来的。"

(3)写好的或是全优的:

我能感受到你内心开心、喜悦的感觉和把学习安排好的成就感,你拥有超棒的学习力,继续保持。

（4）遇到学习困难的：

我能感受到你的困难，能感受到你在学习上的努力和有时无助的感觉，但是没有关系，我们只要认认真真地对待它，慢慢会好起来的。我们只是现在不知道该怎么办，可是明天、后天我们慢慢会知道该怎么办的，没关系。

全班同学齐读：我只是今天有这样的感觉，我会慢慢好起来的，我会解决这个问题，我能解决这个问题，它只是我现在的感觉而已。

2. 请在纸上手掌中心写下你的会考宣言并大声说出来。

小组代表站在台前大声说出宣言并与老师和小组其他成员击掌。

教师结语：手不仅是我们身体的一部分，也在某种程度上代表了一个人的个性。五个指头不一样长，就像我们每个人身上有长处和短处一样。爱完整和真实的自己，当生地会考来临时，接纳自己，爱自己，拥抱自己，自信乐观地笑对会考，我们就能更加自信乐观。

课后，340班王雨曦同学对我说："看到这个课题：当会考来敲门，我不禁心头一震，不免有些慌乱。但在黄老师的课堂上，我得到了从未有过的释然。随着音乐响起，我仿佛在回忆中审视自己，拥抱过去。音乐停止后，我睁开双眼，仿佛一切都变得轻松了。在'我手知我心'活动中，我找回了失去已久的自信。这节课让我明白了没有跨不过的坎，只有自信的光环笼罩在身上时，成功才不那么遥不可及。"

我相信，只要教育者能够放下眼前的功利之心，坚持正确的教育价值追求，就能做出正确的选择。那些看似无法立刻兑现为分数的探索中，包含着有更多可能性和创造性的"无用之学"。

二、拓展课程——营造适应未来发展的"学习场"

2010年，我校开始开设拓展课程，拉开了我校培养学生内在积极进取价值观、提升学生综合素养的序幕。拓展课程由教师自主开发课程内容。每学期开学,我们会把所开设的可供选修的课程名称、课程简介、课程计划等予以公布,供学生和家长选择。

我还记得刚开设拓展课程的时候,教师们普遍觉得困难重重,因为在当地中学中没有经验可借鉴,没有模式可模仿,这类课程的开设需要从理念到实践从零探索。再者,在教师繁重的教学任务背后,我们能不能开设一个学生喜爱、向往的课程,是一个很重要的问题。

我们的教育如果只是让受教育者学会学习、学会生存、学会合作,还远远不够,这样的教育理念在实践中可能会导致教育者将注意力放在培养受教育者的外在能力上,从而容易忽略对受教育者内在积极进取价值观形成方面的培养。因此,即便困难再大,学校也坚定地推进拓展课程。

通过不断探索,我校每学年开设的拓展课程从最初的25门增加至39门。现可供选择的拓展课程有如下50余门:

科学技术类:趣味数学、趣味化学、应用物理、一题多解、学科竞赛指导(数学、英语、生物)、虚拟机器人进校园、动漫、影视后期合成、电脑动漫制作、计算机DIY、电脑绘画等。

社会文化类:象棋艺术、行走的力量、走近名家、舌尖上的美食、旅游攻略、电影文学、硬笔书法、软笔书法、趣味写作等。

生活技能类:橡皮章制作、DIY布艺手工坊、美丽的魔法师(头发编织)、插花艺术、摄影兴趣班、钓鱼常识与技巧等。

语言工具类:英语名著赏析、英语口语交际、英语听力训练、英语影视片段赏析等。

心理品质类:青苹果女孩、团体心理辅导、心理咨询、沙盘游戏等。

运动竞技类:健美操、武术、篮球、足球、网球、羽毛球、排球、乒乓球、体能、素质训练等。

艺术修养类:古典音乐欣赏、流行音乐欣赏、西洋乐器鉴赏、微电影、影视配音艺术、素描、专业舞蹈基础课、校园合唱队等。

多元课程

部分拓展课程主要内容

课程	主要内容
趣味化学	认识多彩的化学物质;感受神奇的化学反应;体验广泛的化学用途;学习有趣的化学知识;探索奇妙的微观世界;展望美好的化学发展
电脑绘画	立体文字的制作与编辑;立体图形动画制作;个性化日历制作;电脑时装画制作;电脑拼贴画制作;电脑贴图动画制作
走近名家	绽放在沙海的玫瑰——走近三毛;一棵开花的树——走近席慕蓉;昆仑山上的雪莲花——走近毕淑敏;行者无疆——走近余秋雨;俗世奇人——走近冯骥才;人间有味是清欢——走近林清玄;海峡那头的乡愁——走近余光中;人生就是大闹一场,然后离去——走近金庸
舌尖上的美食	水果拼盘的摆盘艺术;水果拼盘的雕刻艺术;水果拼盘DIY;在食堂包子上做创意图案;自制饮料
电影文学	《深海长眠》——放弃生命,也是生命的一项权利;《一代宗师》——王家卫的功夫世界;《非常突然》——银河映像,难以想象;《寻梦环游记》——爱可以跨越生死;《绿皮书》——绿皮书? 白皮书?
DIY布艺手工坊	了解DIY布艺手工;基本针法;设计,绘图,裁剪;实践,动手操作;成品展示交流;自主DIY
英语口语交际	How to describe people around you; How to describe famous people; Trips;Films;Entertainment Movies;Entertainment Music
青苹果女孩	心理沙龙:《你眼中的心理学》;乐观达人训练营;读书会:《遇见未知的自己》;心理剧介绍及观赏:《心墙》;学生心理剧表演;观影读心:《少年派的奇幻漂流》片段;心理沙龙:扯龙尾

通过不断拓展,我收获了许多意外惊喜,323班陆孜皓同学写的《侠之大者,心怀苍生》更是让我刮目相看。

侠之大者,心怀苍生

人生在世,去若朝露。魂归来兮,哀我何悲。

——《天龙八部》

"只要有人的地方就有恩怨,有恩怨就会有江湖,人就是江湖。"武侠小说泰斗金庸逝世,送别大侠!

2018年10月30日发生了一件轰动文坛的事——金庸逝世。

金庸,原名查良镛,当代武侠小说作家、新闻学家、企业家、政治评论家、社会活动家。他是新派武侠小说杰出的代表人物,被普遍誉为武侠小说史上前无古人后无来者的"绝代宗师"和"泰山北斗"。

"飞雪连天射白鹿,笑书神侠倚碧鸳"是金庸14部小说名字的首字组成的对联,包括《飞狐外传》《雪山飞狐》《连城诀》《天龙八部》《射雕英雄传》《白马啸西风》《鹿鼎记》《笑傲江湖》《书剑恩仇录》《神雕侠侣》《侠客行》《倚天屠龙记》《碧血剑》《鸳鸯刀》。

提到金庸,我总能想起那个晚上,趁大家都睡了,我偷偷拿起手电筒看《射雕英雄传》,后来第二天上课时我昏昏欲睡,被老师批评了一顿;想起看了书后就天天指着黄蓉做饭的片段,让妈妈给我做七公荷香叫花鸡、岁寒三友聚一堂、二十四桥明月夜的日子;想起被林青霞饰演的东方不败惊艳而沉迷于《笑傲江湖》的日子;想起与同学们打闹时大声嚷嚷着"白鹤亮翅""倒挂金钟"的日子。不得不感谢金庸大侠,他笔中的江湖亦是我梦中的童年。

金庸让我明白了什么是江湖。江湖是侠义精神所在的地方,江湖是无拘无束的天地,江湖是形形色色的世间万象,江湖是起起伏伏的人生百态。江湖是白马载着李文秀,缓缓走入杏花烟雨的江南;是郭靖一身正气用一生来实现为国为民的鸿志;是杨过苦等16年得见小龙女的痴心不改……

江湖虽有蝇营狗苟、狼狈为奸,但更有侠之大者为国为民。感谢金庸大侠带给我的武侠梦,感谢他为我们留下一个江湖。

苏霍姆林斯基说:"世界上没有才能的人是没有的。问题在于教育者要去发现每一位学生的禀赋、兴趣、爱好和特长,为他们的表现和发展提供充分的条件和正确的引导。"学生的生命个体都具有获得别人尊重、欣赏,努力寻求生命价值对社会贡献最大化实现的潜在本能。教育就是要充分激发人与生俱来的这种本能,并努力通过科学的方法让生命个体获得实现这些潜能的途径,最终让每个生命个体都成长为具有自主发展能力的人。

学校通过设置形式多样的拓展课程，在很大程度上丰富了校园文化，促进了学生多元化发展，也激发了学生的潜能。同时，拓展课程的实施也促进了我校教师的专业成长，更大限度地发挥了教师的自主性与创造潜能。

三、实践课程——书本世界向生活世界的回归

什么是真正的学习？有专家提出，真正的学习包括以下几个方面：从分科的学习转向综合的学习，从文本的学习转向实践的学习，从单一的学习转向混合的学习。过去是知识驱动，未来是智慧驱动、体验驱动；过去以制造为中心，未来以创造为中心；过去追求的是标准化、规模化，未来讲究的是个性化、特色化。

实践课程的设置就体现了这一趋势，主要从学生的生活经验出发，通过学生的亲身体验和实践，打破单一获取知识的渠道，通过学校、社会、家庭的广泛参与，让学生从文本走向实践，从课内走向课外，从学校学习扩展到社会学习。

我校实践课程包括社团实践和主题实践。

社团实践活动由学生自主选择。我校先后成立了船山文学社、小记者俱乐部、书法社、船山之声广播站、机器人社团、健美操社、合唱团、篮球社等15个社团。

主题实践活动是我校的常态实践活动，也是我校实践课程的一大亮点。主要有"听"：听先进人物、英雄模范事迹报告等；"读"：开展爱国主义读书活动，举办读书心得征文比赛，如"开学第一课"征文比赛和以"感恩"为主题的征文比赛等；"看"：看新闻、优秀影视片、图片展览，举办"科普进校园"活动，培养和丰富学生的想象力；"做"：开展为民服务活动、假期社会实践调查活动，安排初三学生远足，旨在培养学生的耐挫力和吃苦、坚持、感恩的精神；"赛"：开展各种有意义的竞赛活动，让学生在比赛中受启迪、受感染、受教育。

为此，学校根据学生的身心发展规律和学校实际，充分开发、整合课程资源，力求挖掘出其中最有教育价值和功能的要素。

（一）湖湘文化资源的挖掘与利用

"湖南人才半国中。"湖南，清绝之地，才智之乡，自屈原以来，人才辈出，群星灿烂。湖南有理学鼻祖周敦颐、主张经世致用的王船山，以及"睁眼看世界"的魏源等一系列思想家；有曾国藩、左宗棠、郭嵩焘等，融合程朱理学的坚定信仰和经世务实的作风，勇当天下之责，成就晚清历史显赫的一页；有毛泽东、蔡和森、刘少奇等，缔造新中国，神州大地别开生面换新颜……这些构成了特有的湖湘文化教育资源。

衡阳地处湘南，人杰地灵，有着丰富的文化资源。这里有我国唯一两位皇帝赐匾额的古代书院——石鼓书院；有"四大发明"之一造纸术发明人蔡伦的纪念馆；有理学鼻祖周敦颐的濂溪周氏宗祠；有一代宗师王船山故居、元帅罗荣桓故居、湘南学联旧址……

依托这些资源，可积极组织开展外出采风和社会体验活动。我校先后组织学生到石鼓书院、王船山故居、五岳独秀——南岳衡山风景名胜区、工业博物馆、国防科普公园、烈士陵园等地参观学习，让学生在实践活动中观察自然、了解社会、感受生活、体验民俗、缅怀先烈、思考历史，在活动中巧发现、受启发、提升能力。例如，我校曾组织船山文学社社员开展外出采风活动，以下是申请报告，仅供参考。

船山实验中学组织船山文学社社员外出采风活动申请报告

衡阳市教育局：

古人云："读万卷书，行万里路。"五月，船山实验中学计划组织船山文学社社员赴长沙开展采风活动。本次采风活动具体事宜如下：

一、实践目的

领略岳麓风情，感受湖湘历史文化气息，陶冶情趣，激发创作灵感。

二、实践地点选择理由

长沙是著名的省会城市，有岳麓书院、大学城，文化氛围浓厚；有毛泽东纪念馆、刘少奇纪念馆，便于对学生进行革命教

多元课程

育;交通便利,路况好,行程短,安全系数高。

三、领导小组及职责

组　　长:肖高君　陈永庚

副组长:肖正直　李绵利

成　　员:张海波　王斯斯　王　颖　崔雯薇　李紫旭

职　　责:

1.外出活动前周密筹划,制订详细方案,充分考虑活动路途中及目的地的安全因素,做好突发事件的应急准备。

2.活动前做好安全教育及卫生习惯教育。

3.如遇突发事件,领导小组在最短时间内做出决策,采取相应措施,事后及时向上级部门汇报并做好各项善后工作。

四、行程安排

日期	时间	行程	备注
5月18日	6:30—7:00	在学校集合,清点人数	提前吃早餐,安排好座位
	7:00—9:00	赴宁乡花明楼	
	9:00—11:00	参观考察刘少奇故居、铜像、纪念馆	感受"韶山冲连炭子冲,风雨潇湘起二龙"的磅礴气势
	11:00—11:50	乘车前往韶山	—
	11:50—12:50	用中餐	—
	12:50—13:30	参观考察毛泽东铜像广场,献花行礼,活动结束后合影	—
	13:30—14:30	参观考察毛泽东纪念馆	了解毛泽东的生平
	14:30—15:30	参观考察毛泽东故居	了解毛泽东的童年和少年时代
	15:30—16:10	参观考察毛泽东遗物馆	瞻仰毛泽东遗物,再现伟人风范
	16:10—17:10	参观考察毛泽东纪念园	重温老一辈无产阶级革命家的艰辛历程
	17:10—17:40	在酒店住宿	自行清点好行李
	18:00—18:30	在酒店用晚餐	—
	19:00—20:30	在酒店写考察日记	查房
	20:30—21:00	洗漱	同一房间学生错开洗漱
	21:30前	休息	—

日期	时间	行程	备注
5月19日	6:00—6:30	起床、洗漱	—
	6:30—7:00	在酒店用早餐	—
	7:00—9:00	乘车赴岳麓山,途经大学城在车上观景	—
	9:00—10:00	参观千年学府岳麓书院	在书院门口合影
	10:00—12:00	在岳麓山举行爬山活动,途中参观考察爱晚亭等	—
	12:30—13:30	用中餐	—
	13:30—15:00	参观省博物馆	—
	15:00—18:00	返回校园	家长到校接孩子回家

请领导批准并指导!

此致

敬礼!

船山实验中学

2019 年 4 月 10 日

(二)人力资源的广泛引入

我校作为一所有着深厚历史底蕴和显著办学成绩的学校,培养了一大批优秀人才。他们对母校满怀感恩之情,学校也有计划地邀请各行各业的杰出毕业生来校做讲座。此外,学校还定期邀请社会名流、科学家、作家、教研员等来我校做讲座。例如,我校先后邀请了衡阳市作家协会理事李昂先生,《语文报》社长兼总编蔡智敏先生,作家郭林春先生,诗人聂沛先生,中国成语大会冠军、中国诗词大会亚军彭敏先生,衡阳师范学院教授、著名书法家席志强先生,青少年感恩励志演讲家徐海涛老师等来我校做讲座。

以下是校园网对优秀校友黄辉教授返校做讲座的报道。

让优秀引领优秀
——优秀校友黄辉教授返校做讲座

为进一步激发学生爱校荣校情怀,拓宽学生视野,深化理想教育,4月8日下午,我校在办公楼大会议室举办了优秀校友黄辉教授的专题讲座。参与本次活动的有肖高君校长、李绵利副校长、蒋颖洁主任及初三年级部分学生代表。

讲座伊始,肖校长对黄辉教授作了简单介绍。黄教授现为中国科学院大学材料学院教授、博士生导师,主要从事高分子材料、金属有机及自组装等领域的研究。

讲座中,黄教授回顾了自己与母校的情缘,与学弟学妹们分享了自己的人生故事。他鼓励船山学子"努力学习,干一行爱一行;常怀感恩之心,不计较一时得失;追寻内心,不要被物质主导"。同学们被他的精彩讲述深深地吸引,既对他努力拼搏,勇于钻研的干劲敬佩不已,又被他的事迹所震撼,更被他对母校的感恩情怀所打动,现场掌声不断。

288班雷萍同学说:"我感觉学长非常平易近人,印象最深的就是他那句'不忘初心'。"

290班周祥熙同学表示对黄教授谈到的"追寻内心,不要被物质主导"这一点深有感触。他说:"学长的讲座让我坚定了自己的梦想——成为一个摘星星的人,我喜欢夜晚的群星闪耀,更想去探索浩瀚宇宙的无穷奥秘。"

后续,我校计划继续邀请更多的优秀校友返校,为广大师生送来饕餮大餐。

(来源:船山实验中学网站　2018年4月11日)

以下是优秀校友数据科学家魏大侃在讲座上的发言。

亲爱的母校领导、老师、学弟学妹们:

大家好!

首先非常感谢母校的邀请,让我有机会和学弟学妹们分享我的一点学习生活经验。

我时常怀念曾经在船山实验中学三年紧张而又充实的学习

生活,在人生观、价值观形成的关键时期,是船山照亮了我人生的方向。我在这里结识了一大批良师益友,他们严谨而不失活泼的学风一直深深地感染着我,令我终身受益无穷。我想在此表达我对他们衷心的感谢,特别是周慧颖老师、张胜老师、熊红梅老师等。说来惭愧,和很多优秀的船山校友相比,我并不是典型意义上的学霸,和他们相比,我还有不小的差距。我在学习上唯一可供大家参考的经验可能就是"好学你喜欢的,追求卓越,同时也要学好哪怕你不怎么喜欢的"。学生生涯,一切都是在为将来打基础,我们需要拥有全方位的知识储备以迎接多元化社会的各种机遇与挑战。

再和大家分享一点人生经验,与大家共勉:仰望星空,脚踏实地。我希望各位同学在紧张的学习中,能够始终注意发现并发展自己的优点与长处,将自身的实际和优势、兴趣和爱好与社会的发展有机结合起来,尽早树立切合实际的人生目标,注意,一定是切合实际的人生目标,并为之不懈地努力奋斗。人间正道是沧桑,大家要做好面对困难的准备,遇到困难也要有坦然面对得失的胸怀和眼光,不要被一时一地、一城一池的成败得失所影响、所左右,从而失去了对所追求的"正道"的坚持。我们要做的就是总结经验教训,不断升自己。当你努力后,生活或许会为你打开一扇意想不到的惊喜大门。

当今世界正处于百年未有之大变局,中国也正在以前所未有的速度接近"实现中华民族伟大复兴"这一宏伟目标。各位已经站在了比我们这一代人更高的历史起点上,希望大家能够不忘初心,牢记使命,奋发图强,砥砺前行,将"即事穷理,经世致用"的船山精神、湖湘精神发扬光大,谱写船山新的篇章。

(三)现代信息技术资源的投入

大数据、人工智能等这些科技领域的热词看似离基础教育很遥远,但事实上,这些新生事物已经在无形中影响着孩子的成长,并会在不远的将来成为孩子们学习和生活的必需品。在这种科技迅猛发展的趋势下,教育是充耳不闻,还是顺势而为?作为教育工作者,如果不思考这些问题,就会跟不上技术的进步和学生的步伐,更不要说让教育服务于时代的发展。

当前,以"互联网+教育"为核心的现代教育技术迅猛发展。"互联网+教育"的出现意味着互联网技术与传统教育教学的深度整合。近年来,我校在校园信息化建设中不断探索,以实现数字化校园、教育"三通两平台"为目标,更新教育观念,不断夯实校园信息化基础,逐步实现了向教育现代化、信息化和智能化迈进。

我校原有配置投影机、电子白板一体机的多媒体教室77间,2018年8月新建配备电子白板一体机的多媒体教室5间。现我校有配置电子白板一体机的多媒体教室82间,配置投影机、幕布、计算机、音响的多媒体机房3间,电子阅览室1间,录播教室1间,会议室1间,多媒体备课室3间,机器人实验室1间,多媒体化学实验室2间,多媒体音乐教室2间,多媒体舞蹈教室1间。运用多媒体技术进行课堂教学,既可以将图、文、声、像融为一体,使教与学的活动变得更加丰富多彩,又可以寓知识学习、技能训练、智力开发于生动活泼的形象之中,从而激发学生的学习兴趣,变苦学为乐学。多媒体教室营造出一种新型的交互式教学演示环境,能更好地实现师生互动和人机互动,将现代信息技术充分、有效地融合于各学科的教学过程中,极大地提高了教学的互动性、灵活性和趣味性,为学生提供前所未有的课堂互动参与。

自2006年学校搬迁建设伊始,我校校园网采用千兆以太网技术,网络主干线路为千兆光纤。校园网总体采用星型网络拓扑结构,所有上网计算机均通过主干交换机、核心三层交换机、路由器与教育网连通,确保了校园网络的正常运行。目前,1000M主干节点覆盖了整个校区,各教学楼、办公楼、实验楼均实现了1000M网络互联和100/1000M的桌面连接。目前校园网拥有300M主干节点800个。

设备先进、覆盖面广、功能强大、综合应用性强的校园网络在教学中日益发挥出重要作用。以网络课件为核心的多媒体教学平台为网上授课、网上答疑、网上作业提供了有效的现代化教学手段。教学管理系统对学籍、教学计划、排课、选课、成绩录入和信息查询等实施全程管理,促进了教学管理水平的提高。同时,校园信息化项目陆续启用,学校网站不断完善,学生在线系统功能全面,在招生、学生管理、思想政治教育等工作中发挥了重要作用。

随着数字化社会的发展,我校网站自2016年进行改版,网站的内容越来越丰富。主要版块有:学校概况、校园资讯、德育天地、教学教研、学生之窗、行政办公、船山党群、教工之家等。校园网在信息中心专人负责下更新及时,已真正成为树立学校形象的窗口,成为学校与家长、学生、社会沟通的桥梁。

教育是面向未来的事业,办教育就要有超前的意识,有面向未来的谋划。每个人心中都有对未来教育的憧憬和思考,关键在于我们如何让这些憧憬和思考落地,让它们生根发芽,如何让教育创新的星星之火发展成为燎原之势,去重塑教育生态,让今天的孩子、明天的成人更好地适应和驾驭未来的未知世界。

多元课程

课堂，学生的乐园

　　五月的校园，温暖而又明媚，姹紫嫣红虽过，但满目苍翠喜人。香樟、玉兰、桂树，可着劲儿往上长，一切充满着生机与活力。比满目苍翠更喜人的是会议室里一张张青春洋溢的脸庞——学校一学期一次的学生座谈会正在轻松愉悦的氛围中进行。

　　召开学生座谈会是学校一直以来的优良传统，是学校了解学生学习状态和教师教学情况的一个窗口。座谈会上，学生畅所欲言，有对学校管理工作的建议，有对教师教学工作的看法，有对学生中一些不良风气的提醒……总之，知无不言，言无不尽。学校和教师本着有则改之、无则加勉的态度，进一步完善教育教学管理方法，使校风更正、学风更浓、教法更科学，让学生在学校更加全面健康地成长。

　　这一次座谈会的主题是"对'345高效课堂'的看法"。"345高效课堂"是我校借鉴杜郎口中学、洋思中学、昌乐二中等学校的成功经验，立足学校实际，经过不断的发展完善，形成的教学模式。

　　"3"，即课堂教学的"三个原则"：自主、合作、探究。"自主"指的是学生在教师的指导下，进行自觉、有效的课堂学习。学习的主动性在于学生利用教材和参考资料自己进行阅读理解，解决学习过程中遇到的疑难问题。"合作"是指学生在小组或团队中为了共同的学习任务，有明确责任分工地互助学习。"探究"即探讨研究学习过程中的疑难问题，培养求知精神。

　　"4"，即课堂教学的"四个要求"：精讲、多思、精练、互动。"精讲"指的是教师要根据教学的需要精心挑选、巧设问题，以便让学生更好地开展合作学习，在思维碰撞中擦出智慧的火花。在此过程中，教师的示范引导、抛砖引玉必不可少，穿针引线、点拨归纳也不可或缺。"多思"是指学生在学习过程中边操作边思考、边观察边思考。这就要求教师在课堂上安排的学生合作学习的内容要有针对性、启发性和合理性，要有利于发展学生的思维能力和想象能力。"精练"即要求教师精心设计每堂课的练习，针对不同层次的学生设计不同的练习，以满足不同层次学生的需求，让学生根据自己的能力自主选择。"互动"主要体现在创造性地采用小组合作学习的教学组织形式，以评价手段激发学生的学习积极性，形成师生互动、生生互动的良好局面。

"5"，即课堂教学的"五个环节"：确立目标、自主学习、组内探讨、交流展示、评价反馈。设置这样的教学环节目的是"教在当教处"，教师让出话语权，让学生在讨论、分享中完成认知，锻炼倾听、思考、表达的能力。教师组织学生讨论分享，帮助学生内化所学，生成新知，最大限度地体现学生在学习中的主体地位，促成每个学生个性化学习。

"345高效课堂"的实践始于2012年，其目的是促进不同层次的学生全面参与课堂，让学生人人有事做、人人想做事、人人能做事，让课堂成为开启学生智慧，涵养学生心灵，促进学生发展的乐园。

经过几年的课改实践，我校教师从最初的"犹抱琵琶半遮面"到现在的"我心何踊跃，思欲攀云追"，课改实践风生水起。作为校长，虽然我没有在教学一线"执笔操刀"，但是深入课堂听了不少优秀教师的课。毋庸置疑，课改实践给传统课堂吹来了一股清新的风。活力、智慧、自信，是我对学生们参与课堂的印象；亲和、有效、简练，是我对教师们授课的印象。相比课改前，学生上课更愿意说，也更会说了，他们的学习兴趣浓了，能力提高了，个性张扬了。教师虽然说得少了，但教研的氛围更浓了，上课的内容更精简、更有效了。

随着"345高效课堂"教学实践的深入，课堂优势也逐渐显露："自主、合作、探究"让课堂严肃又不乏生气；"精讲、多思、精练、互动"让课堂严谨又充满灵性；而课堂教学的五个环节"确定目标、自主学习、组内探讨、交流展示、评价反馈"相互衔接、层层推进，既充分尊重了学生的主体意识，又很好地体现了教师的主导地位，"主体"与"主导"相互补充、教学相长、相得益彰。这样的课堂，不仅传授了知识，而且让合作、宽容、互助等品质贯穿于课堂教学的点滴细节中，让责任、荣誉、自信等品质融于课

多元课程

堂的每一环节中。这样的课堂,融传道、授业、解惑于一体,没有空洞的说教,没有强硬的灌输,三维目标以润物无声的方式渗透到学生的心中。在这个模式下,学生的主体作用得到了充分体现,真正让教师变教为启,变教为导;学生变学为思,变学为悟;教室变成了学室,讲堂变成了学堂;教与学的过程,变成了师生情感交融、资源共享、共同创造、共同提升生命价值和丰富精神世界的过程。

当然,这些都是我个人的感悟。俗话说:"金杯银杯不如学生的口碑",课改,说到底,受众是学生,学生喜欢并受益才是最重要的,所以,听听不同层次学生的看法十分有必要。

会议室里灯光明亮,学生们掩饰不住内心的激动,一个个侃侃而谈:"小组合作探究培养了我们的团队意识""上台展示锻炼了我们的胆量""黑板书写督促我们把字写得更好""课堂交流提高了我们的语言表达能力""上课老师讲得少了,我们讲得多了,思维能力得到了培养"……

来自299班的田雨凡同学打开了话匣子:"我们班数学老师何宪鸿老师的课经常通过设置问题,引导我们层层探究,最后悟出解题方法和规律。我们觉得数学是一门有趣的学科。"

是啊,这让我想起我刚听的一堂数学课《幂的乘方》。

幂的乘方

一、情景引入——引出幂的乘方

用六张边长均为 10^4 mm 的正方形木板围成一个正方体木箱,则它的体积是多少?$[V=(10^4)^3$ mm³$]$ 算式中括号内的数是什么形式?(幂)此算式为幂的 3 次方。这节课我们来学习幂的乘方。

(教师引导并板书课题。)

二、合作探究——理解幂的乘方法则

$(1)(10^4)^3$;$(2)(a^4)^3$;$(3)(a^m)^3$

通过计算,猜想、归纳幂的乘方法则。

(学生思考并回答,教师板书学生的思路,必要时加以引导。)

思考:计算的依据是什么?

(学生回顾乘方的意义及同底数幂的乘法,形成知识链。)

观察思考:比较上面的算式和计算结果,你发现了什么规律?

(学生观察思考,教师适当给予引导,然后学生回答。)

猜想:$(a^m)^n$＝? 如何验证?

(学生模仿上述过程,在学案中完成验证过程。教师巡视,并请学生上台板书验证过程。师生共同评价,总结验证过程所蕴含的数学思想。)

$$(a^m)^n = \overbrace{a^m \cdot a^m \cdot \cdots \cdot a^m}^{n\text{个}a^m\text{相乘}} = a^{\overbrace{m+m+\cdots+m}^{n\text{个}m\text{相加}}} = a^{mn}$$

幂的乘方法则:

符号语言:$(a^m)^n = a^{mn}$ (m,n 为正整数)

文字语言:幂的乘方,底数不变,指数相乘。

三、应用展示——掌握幂的乘方法则

例1 计算

$(1)(10^3)^5$; $(2)\left[(-b)^5\right]^4$

(教师板书例题给学生做示范。)

变式:$(1)(b^{2-m})^4$; $(2)\left[(a+b)^m\right]^4$; $(3)\left[(a^n)^m\right]^p$

[学生独立完成变式,其中,第(1)(2)题学生书写过程并演示,第(3)题学生口述过程,教师书写过程。]

练习1 判断下列各式计算是否正确,若不正确请改正过来。

$(1)x^3 \cdot x^3 = x^9$; $(2)(a^5)^2 = a^7$; $(3)a^5 + a^5 = 2a^{10}$;

$(4)(x^3)^2 = (x^2)^3$; $(5)(x^{n+1})^2 = x^{2n+1}$

(找5名学生依次口述,教师通过课件展示。)

练习2 计算

$(1)(x^3)^4 \cdot x^2$; $(2)a^3 \cdot a^5 + (-a^2)^4$

多元课程

（学生独立完成，教师巡视并找学生演示。）

总结$\left(a^m\right)^n$与$a^m\cdot a^n$的相同点与不同点。

（学生口述，教师通过课件展示。）

$\left(a^m\right)^n=a^{mn}$（$m$，$n$都是正整数）：幂的乘方，底数不变，指数相乘。

$a^m\cdot a^n=a^{m+n}$（m，n都是正整数）：同底数幂相乘，底数不变，指数相加。

四、巩固提升——灵活运用幂的乘方法则

例2 （1）若$a^m=2$，则a^{2m}是多少？（2）若$a^m=2$，$a^n=3$，则a^{2m+3n}是多少？

［教师讲解第（1）题，学生独立思考，若有困难或不同思路，小组间进行交流讨论，再展示第（2）题。］

总结：$a^{m+n}=a^m\cdot a^n$与$a^{mn}=\left(a^m\right)^n=\left(a^n\right)^m$成立，都是对应法则的逆向运用，即指数相加时可以写成同底数幂的乘法形式，指数相乘时可以写成幂的乘方形式。

五、课堂小结——总结本节知识，体会数学思想

通过这节课的学习，你有什么收获？

六、小组活动

根据已学的幂的乘方法则将a^{30}列等式，你有多少种列法？

（小组合作完成，教师巡视，让学生主动展示，或选择有代表性的进行展示。）

听完这节课，我写下了以下评语：法则课是初中数学教学中很典型、很重要的一种课型。数学法则是学生解题计算的依据，法则课的教学也是培养学生认知与思维能力的重要素材。法则课的宗旨是揭示法则的来龙去脉，揭示其推导过程中有代表性的数学思想方法和应用技能技巧，以及法则适用的范围和成立的条件等。

本节课亮点如下：

1.重视知识整体把握，教学环节指向性强。每一个环节的设置都有较强的指向性，条理清晰、层层递进、目的明确。教师以引导学生经历探

索法则的推导过程及应用法则解决问题为一条明线,在教学活动中还蕴含一条暗线,渗透了从一般到特殊的转化思想,采取情景引入、合作探究、应用展示、巩固提升、课堂小结、小组活动等一系列环节进行教学,设计结构完整,方法运用恰当。

2.引课情境生活化,激发学生学习兴趣。教师从学生熟悉的生活入手,创设问题情境,引出问题。问题情境中蕴含数学法则,简单直接地激发了学生的学习兴趣、好奇心和求知欲,很顺利地进入了本节课的问题研究。最后通过旧知解决创设新的问题情境,达到前后呼应,使学生充分体会成就感。

3.问题设置目标化,促进学生深度思考。每个问题的设置都有明确的教学目标,且有效地促进学生深度思考。比如在合作探究环节,教师层层引导,经过从 $(10^4)^3$ 开始,底数从 10 到 a,指数从 4 到 m 这样一个发展过程,学生完成运算后,通过观察、小组讨论、交流补充,顺利总结出幂的乘方法则,突破了教学难点,加深了对法则的理解和掌握。在学生抓住法则的结构特征后,教师设计了内化新知学习任务,课堂上呈现出学生真实的思维状态。针对学生在学习中出现的问题,教师引导学生及时交流反馈,帮助学生正确应用法则解决问题和积累经验,促进学生深度思考,培养思维品质。

4.问题解决多样化,培养学生学科素养。教师很重视学生学科素养的培养,解决问题时采用的方法是多样化的。在知识的应用环节,教师精选具有层次性、可变性、典型性的习题,并能做到一题多解,一题多变,从而达到举一反三,触类旁通的效果。在本环节中,教师设计了一系列层层递进、螺旋上升的问题串,让学生的思维一直处在不断攀升的过程中,从特殊到一般,从具体到抽象,能够回避题海战术、机械训练、重复演练,通过题组的形式,多角度、多形式、全方位训练,从而深化学生对法则的理解,形成解题技能。

5.归纳总结及时化,推进学生回顾提升。在教学中,教师能及时恰当地引导学生归纳总结法则的结构特征,运用法则时应注意的问题等都由学生去发现、表达和解释,最后给学生充分的时间和空间,让学生总

多元课程

结、交流本节课的收获,推进了学生对知识的回顾提升,让学生的思维再次得到碰撞。

为深入贯彻落实教育部《教育信息化十年发展规划(2011—2020年)》,扎实推进现代信息技术与教育的全面深度融合,探索微课在课堂教与学创新应用中的有效模式和方法,我校成立了"肖高君数学名师工作室",开展了"基于微课的翻转课堂教学模式创新应用研究",初步形成了将微课和电子白板相结合的"翻转课堂"。主要流程为:制作导学案(重点突出,难点突破)→录制微课视频(简单明了,突出重难点)→学生自主学习(看微课视频,完成自主练习)→获取学情再备课(做到有的放矢)→组织多样化的课堂活动(小组合作比赛等)。

例如,《统计调查》一课,教师以一个学生感兴趣的话题引入,通过让学生参与收集、整理和描述数据的活动,感受数据的作用及统计在实际生活中的应用,增强学生学习统计的兴趣,激发学生爱数学的热情,培养学生合作交流的意识和自主探究精神,并初步建立统计观念,发展理性思维能力和分析问题的能力。

"翻转课堂"模式如下:

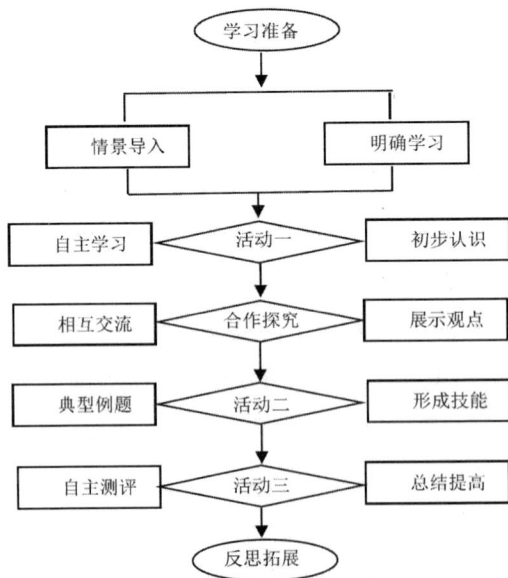

"翻转课堂"模式

学生们神采飞扬的面孔是对课改最好的肯定。就连学生心目中一向认为严谨有余、趣味不足的政治课,现在都妙趣横生。陶宛筠同学就举例说:"颜老师就像一个魔术师,把政治课枯燥乏味的东西,转化成了通俗易懂、我们可以接受的东西。"长久以来,政治一直屈居"副科",不被重视,现在借着课改的东风,政治教师也开始思考如何让学生快乐学习,并且取得了非常好的效果。

没错,我听的颜燕飞老师执教的《找准自己的位置》一课就很让人回味。从知识点来看,这一课内容浅显易懂,甚至枯燥乏味,且有很强的说教味,属于"吃力不讨好"的一课。但是听完颜老师的课之后,大家都有醍醐灌顶、豁然开朗之感:原来政治课还可以这样上。

找准自己的位置

一、活动引入,创设情境

上课伊始,教师拿出事先准备好的9张小卡片,投影展示卡片上的9种职业:军人、企业家、工人、农民、教师、公务员、服务员、环卫工、医生,然后让每个小组派一个代表到教师手中抽取一张小卡片(抽"签"活动),并告诉他们这张小卡片上的职业将代表着他们未来的职业。待9个"签"全部抽完,让他们一起打开看看抽到的职业是什么。

二、问题激趣,小组讨论

1.你对抽到的职业满意吗? 理由是什么?

2.如果将来需要你从事自己不喜欢的工作,你会怎么办?

三、小组展示,合作交流

最精彩的部分是关于"农民"和"环卫工"这些职业的讨论。

"农民"组的基本意见是:不满意。因为没人瞧得起,在别人眼里是"乡巴佬",风吹日晒很辛苦,赚钱少。

"环卫工"组的基本意见是:非常不喜欢。因为起早摸黑,又脏又累,工资太低,没有社会地位。

一位女生说:"我觉得农民也不错啊,可以亲近大自然,还可以吃到绿色无污染的蔬菜,也没有压力。"

另一位同学马上附和道："是啊，农民生活的地方没有工业污染，环境也好。"

更有一位同学说："袁隆平虽然是科学家，但他从事的就是农民的工作，难道他的地位低吗？"

受这位同学的启发，一些同学挖掘出不少自己知道的在农村大有作为的典型事迹。

经过这一番补充，我注意到抽到"农民"签的同学，脸上的"乌云"慢慢散开。

四、教师点拨，情感熏陶

思想问题解决了，教师适时播放了一段关于现代农业及新农村建设的视频，让大家深刻感受科技的发展。农业不再是传统的面朝黄土背朝天的生产方式，农村也不再是"脏乱差"的代名词，农民真的也是大有作为的人，学生从内心深处不再抵触这个职业。

对于第二个问题的讨论，教师采用案例分析法，先播放北大才子卖猪肉的视频材料，然后让学生分组讨论：

1. 陆步轩自称是在"没法子"的情况下才选择卖猪肉的，说明他对这个职业有什么看法？

2. 卖猪肉等于没出息吗？

3. 陆步轩最后成功了，还和另一个北大学子陈生一道开办了屠夫学校，而且有了自己的上市公司。这样的成功，给你什么启示？

一番讨论下来，结论瓜熟蒂落：职业没有高低贵贱之分；每个人都不一样，适合别人的不一定适合自己；靠自己的劳动创造价值才是最有面子的事；择业既要考虑个人的实际条件、兴趣和志向，还要考虑国家和社会的发展需要。

听完这节课，我写下了以下评语：一节课，一个活动，两个情境视频，几次讨论分析，很快就过去了，原本枯燥抽象的观点，在同学们有条不紊的"唇枪舌战"中自然生成。纵观颜老师的这节课，既充分体现了"345高效课堂"的特点，又不拘泥于"345高效课堂"的刻板模式，而是结合政治课的特点上出了自己的精彩。其基本环节可概括为：活动导入，设问导读—合作交流，展示点拨—纠错巩固，拓展延伸（基本理念：以学代教，培养能力）。

活动导入激发了学生的兴趣和求知欲，也为后面的探究提供了有价值的材料支撑；合作交流让学生能够全面辩证地看问题，学生的思维能力、语言表达能力得到了锻炼；纠错巩固让学生明白当局者迷旁观者清的道理；拓展延伸画龙点睛，升华了学生已有的认知。北大学子卖猪肉的典型案例，让整堂课的矛盾冲突达到高潮，学生在惋惜、不解中透过具体情境的条分缕析明白了道理。

总之，采用活动与情境相结合的方式教学，不仅能提高学生学习的积极性，也突出了学生的主体作用，让道理有了灵魂和依托。在学生的体验感悟和交流讨论中，"道理"如一夜春雨般潜入学生的心田。

这只是政治新课的一个片段，事实上，政治组在"345高效课堂"的实践中，不拘泥于"345高效课堂"的刻板模式，而是根据学科特点，走出了一条适合学科特色和学生发展的成功路子，总结出了以下几种课型的教学模式。

复习课教学模式：情境导入—考标解读—知识梳理—知识建模—重点突破—中考演练（基本理念：讲练结合，知识迁移）；

热点专题课教学模式：新闻播报—设问讨论—展示归纳—回归教材—综合训练（基本理念：以议代讲或以练代讲）；

试卷讲评课教学模式：情况分析（找差距）—展示共性错误（析原因）—学生集中讲评（讲共性问题，讲重点、易错点、易混点）—教师点拨思路和方法（明方法）—回归考点—订正补漏（基本理念：自我修正，掌握方法）。

是啊，课改，改的是课，解放的是学生的身心，愉悦的学习环境更利于提高学生的学习兴趣和学习效率。张麦同学对语文课印象非常深刻，他说："以前的语文课都是老师讲得很动情，但我们感受不到，但现在的语文课堂中，我们变成了学习的主人。课堂上，在老师的引导下我们谈自己的感受，提高了听说读写能力，爱上了阅读。"

没错，我记得听肖霞老师上的《紫藤萝瀑布》一课时，在阅读教学过程中有这样一个片段：

多元课程

师：现在请你把自己认为最美的句子读给大家听，把快乐与大家分享。

生1："只是深深浅浅的紫，仿佛在流动，在欢笑，在不停地生长。紫色的大条幅上，泛着点点银光，就像迸溅的水花。"我认为这句最美！

师：你找的很准确，声音也好听，你能继续给大家说说为什么吗？

生1：我从这句话联想到了我们小区里的一架紫藤萝开花时的场面，我曾多次在这架紫藤萝前观察过，但是我虽被繁花点点所陶醉，却写不出如此生动且有具体比喻的紫藤萝花。因此，一读到课文中的句子，就唤起了我心中的记忆，也非常符合我想表达的意思！

生2：你说得真好，我同意你的意见。再到春天开花的时候，我要和你一起去你们小区看看，我还从来没见过紫藤萝花呢。

生3：我还要补充一点，下面这几句作者采用了通感、比喻和拟人等修辞格，也写得很美……

师：同学们，你们说得很具体，也有自己的感想和看法，能从不同的角度体会事物的美。刚才×××读得特别好，那谁再来读一读，用语气、语调读出紫藤萝花的美呢？

（一学生朗读，众生鼓掌。）

师：他读得很有感情，也读出了画面感，让老师仿佛看到了一大片紫色瀑布。

生4：老师，我也想读一读，和他比一比……

生5：老师，虽然他读得很好，但我认为他没能把句子中的重点词用不同语气读出来，应该这么读……

师：同学们不但读得好，而且评得也很到位，你们都很了不起！那同学们再看看其他段落有没有你们觉得很美的句子。

生6："每一朵盛开的花就像是一个小小的张满了的帆，帆下带着尖底的舱，船舱鼓鼓的；又像一个忍俊不禁的笑容，就要绽开似的。"这句话也写得好。

　师：不错，我也认为这句话写得好，可好在哪里呢？

　生6：我只是感到它的比喻很恰当，但具体原因说不清楚。

　师：说不清楚是正常的，那谁来帮帮他，说说好在哪。

　（学生争先恐后想要帮忙。）

　师：你们的回答都很有见地……

记得当时我连听了肖霞老师的几堂语文课，写下了下面一段随笔：其一，备课相当充分。上每一堂课，她都像对待比赛课一样重视，认真构思素材，书写详案，制作课件。其二，下水作文写得出彩。为了引导学生化虚为实，肖老师把自己写的下水作文《流浪的红舞鞋》当堂朗诵出来，让学生在作文中去领悟、去感受。

钱理群教授说，所谓语文教学，就是一群爱读书、爱写作的老师带领着一群孩子去读书、去写作。在肖老师的语文课堂上，我深刻地感受到她是在用自己的文艺之心，细细感染着一群刚刚迈入初中校园的孩子。这些年，她写的《青蓝集》受到越来越多学生的喜爱，主持编写的《一中书画》也深受学生们的欢迎。此外，她还大胆创新。每一次听她的课，我的感觉都是不一样的。从《蒹葭》到《赤壁》，从"作文立意指导"到"模拟口语交际"，她似乎对课堂永远充满着激情和创意。关于一堂好课的标准实在太多太多，但一堂成功的语文课肯定要有自己的风格。教师应当是一个有高度文化修养的、孜孜不倦的人。一辈子很长，愿我们的语文教师不要一直靠"啃老本"地去教书。

语文学科有开放性、思想性和人文性。阅读指导课可根据不同的教学目标细分为读书汇报课、品读欣赏课、摘抄分享课等不同课型。以摘抄分享课为例，课前老师布置好摘抄主题，课堂流程为：提出教学目标→组内分享（组长组织组员分享摘抄，共同推选代表）→展示交流（代表展示摘抄，谈感悟）→评价总结（其他小组成员评价，总结方法）→学以致用（针对摘抄主题进行练笔）。

课堂教学改革的关键在于教学模式的改革。我们探索一种教学模式，是因为它能使我们的课堂教学有一定的规律可循，从而实现高效课堂，即目的是"高效"而非"模式"。也就是说，不能把模式刻板化、机械

多元课程

097

化,要让模式在教师的精心导演下,根据学生和教学情境的变化而"活"起来。"教学有模,但无定模",鲜活的、生动的模式,才是值得我们追求的。

"我觉得课改后的生物课总是那么有趣,茹慧香老师会带我们了解生物学科史,带我们做实验发现科学的奥秘,还会让我们动手做模型。"黄玥同学开始侃侃而谈了,"我们刚学习的茹老师上的《鸡卵的结构和功能》就很有意思。"

鸡卵的结构和功能

一、情境导思

师:大家都听过爱迪生孵蛋的故事吧。爱迪生小时候和同学们一样,对世界充满了好奇。为什么鸡蛋能孵出小鸡呢? 人可以孵出小鸡吗? ……要回答这些问题,我们必须了解鸡卵的结构。

二、探究多思

师:首先,我们来了解其外部结构。取出一个生的鸡卵,你会发现它的外形类似椭圆,但它与规则的椭圆又有一点区别。对,它一头钝,一头尖。

师:鸡卵外有坚硬的卵壳,用手用力均匀地握住它,不易握破,说明它有保护功能。卵壳上有许多小孔,对于这一点,你有什么方法进行验证吗?

(学生自己设计实验验证卵壳上有气孔。)

师:观察完外部结构,我们来观察其内部结构。要观察内部结构,就要打开鸡卵,那如何打开鸡卵呢? 能否像妈妈那样,把卵壳在碗壁上一敲,然后把蛋清和蛋白倒入碗中? 规范的操作方法是什么? 实验前请大家先看一段微课,了解实验步骤与方法。

(教师播放课前自制的《鸡卵结构实验操作》微课,对实验步骤进行指导。)

师:为什么要用镊子轻敲钝端?

（教师引导学生思考,让学生在弄清规范的操作方法及其原因的基础上进行分组实验,自主探究。）

（观察完结构后,学生尝试在纸上绘制出鸡卵的结构图,并标明结构的名称和功能。）

（教师到各个小组观察,并将部分小组绘制的鸡卵结构图贴到白板上进行展示,学生点评后,教师点评。）

三、点拨引思

师:2016 年,中国农业大学李赞东教授带领她的团队进行了一场科普实验——无壳孵小鸡。李教授把藏在鸡卵内部的胚胎发育直观地呈现在大家面前,做了一场科学大普及。她是如何做的呢?

（教师播放《无壳孵小鸡》视频片段,然后展示鸡卵胚胎发育各时期的图片,让学生猜测胚盘、卵黄、卵白及气室的功能。）

四、交流思考

教师提出两个问题让学生思考:

1.是否每个鸡卵都能孵出小鸡? 请你谈谈对"21 天孵不出鸡的蛋——坏蛋"这个歇后语的看法。

2.为什么爱迪生拿了完整的鸡卵却未孵出小鸡,而视频中去了卵壳的鸡蛋却能孵出小鸡?

学生通过对问题思考分析发现,未受精的鸡卵内存在一个卵细胞,并理解了受精的鸡卵中各部分的功能。小白点变大了,说明胚盘是鸡卵胚胎发育的部位。此外,在卵黄和卵白上形成了一些小血管,说明这两者给胚胎发育提供了营养,这也是鸡蛋营养丰富的原因。胚胎发育所需的氧气是由气室和卵壳上的小孔提供的。卵壳、卵壳膜和卵黄膜分别位于鸡卵和卵黄外面,能起保护作用;而系带位于卵黄两侧,能起固定卵黄的作用。

五、巩固反思

教师让学生用概念图的形式总结鸡卵的结构和功能,并请学生回答以下三个问题:为什么鸡卵能孵出小鸡? 人的体温能不能孵出小鸡？是不是所有鸡卵都能孵出小鸡？

茹慧香老师的这堂课充分体现了实验学科和科学课的学科特色，我认为有以下几个特点：

1.注重联系生活实际。以"爱迪生孵蛋"的故事引入简洁明了，课中《无壳孵小鸡》视频的引入，能以科学前沿的内容提高学生对本节课学习内容的兴趣。在授课过程中，播放微课，一方面给学生示范规范的操作方法，另一方面引导学生对比妈妈平时打蛋的方法，引起学生对比思考。

2.采用"支架式教学"面向全体学生，以任务驱动学生学习，以"孵卵"为主线贯穿课堂。本节课安排了层层递进的学生活动：画一画→思一思→议一议，由浅入深，循序渐进地让学生逐步掌握知识点，并且在"议一议"环节回归播放的视频内容，提出问题让学生思考，体现了前后内容的紧密衔接。

3.注重学生核心素养的培养。让学生自己想办法验证卵壳上气孔的存在，很好地发散了学生的思维。学生分组动手实验锻炼了学生的动手能力，也培养了组内的合作默契。以问题串引导学生进行理性分析：为什么"爱迪生孵蛋"不成功？→鸡卵内部结构是什么样？→"无壳孵小鸡"实验为什么会成功？→鸡卵各结构有什么功能？→是否所有鸡卵都能孵出小鸡？

"脱离生活的教育是鸟笼的教育。"英语课代表引用范红梅老师常说的这句话引起了我的注意。他说："范老师的英语课寓生活于课堂，在课堂中开展丰富多彩的活动，引用新颖有趣的材料来激发我们的兴趣。"

How to Learn English Well

一、确立目标

拍摄短视频，在学生中开展调查："Do you like English？"很多同学回答："Yes,I do."或"Yes,I like it very much."也有同学回答："I like English, but I don't know how to learn it well."就此，提出目标：帮助同学们学好英语。

二、自主学习

学生自由发言，写下自己在英语学习过程中遇到的困惑和难题。

I can't follow the teacher in class.

I don't know how to speak English well.

......

大部分同学都有自己的难处,所以大家踊跃写下困惑和难题。教师收集这些困惑和难题,并将它们放入纸箱中。

三、组内讨论

每个小组抽取组内一位同学的求助纸条,展开讨论,使用不同的句式解决问题。

It's useful to listen to music.

Reading English aloud is good for speaking.

We should often talk with our classmates in English.

......

老师总结这些句式和建议,奖励最有效的小组。

四、交流展示

经过多轮探讨和总结,学习英语过程中出现的问题和解决方法慢慢浮出水面,学生的思路从最初的迷茫到最终的清晰。这时教师布置终极任务——当堂作文:How to Learn English Well。

作文完成后,每个小组派代表展示。通过展示,同学们互相学习文笔优美、结构严谨、字迹漂亮的作文,并对写作过程中容易出错的句子进行修改和调整。

五、评价反馈

通过评价反馈,学生对这种作文的行文方式有了非常深刻的了解,也很好地掌握了一定的写作技巧。

活动有助于促进学生的认识发展。只有将丰富多彩的活动和材料作为教学的载体,学生的主体作用才能得到张扬和提升,其思想道德素养才能生成和发展。学生只有在活动情境中讨论交流,才能改变长期以来"接受教育""被动教育"的思想,确立"自我教育"的理念,在活动中形成体验,从而为情感态度与价值观健康发展奠定基础。

在畅谈中,不少学生谈到了地理课。我校地理教研组去年被评为湖南省优秀教研组。在组长黄玉兰老师的带领下,地理教研组老师们勤于钻研,乐于奉献,在我校"345高效课堂"模式的基础上,摸索出了极具地理学科特色的教学模式。下面是刘学武老师的《欧洲西部》课例。

欧洲西部

一、引入

同学们喜欢旅游吗?(喜欢)今天啊,老师要推荐一个令人神往的旅游天堂,请看屏幕。(播放欧洲美景视频)视频中的景色迷人吗? 大家知道在哪可以欣赏到如此美丽的场景吗?(欧洲西部)今天我们就一起去游览充满魅力的欧洲西部。

二、自主学习

请大家翻开教材第54页,这节课我们就好好地为我们将来的欧洲之行积累地理知识。请大家看导学案,对照教材第54至58页,5分钟以内填写好预习案。看哪个小组完成得最快。开始!

时间到,同学们准备得很用心,非常棒,给自己掌声鼓励一下。通过自学,哪位同学能告诉我你觉得这节课我们需要掌握哪些内容?(学生讲,教师板书)非常好! 下面我们就向欧洲西部进发。请看图。

三、讲述

欧洲西部位于欧洲的西半部,面积500万平方公里,约等于中国面积的一半。海岸线是世界上最曲折的大洲。

由图可知,欧洲西部几面临海?(三面)北面是什么? 西面是什么? 南面是什么? 记好了吗?(抽查一位同学)欧洲西部面积不大,却分布着几十个国家,所以每个国家的面积都很小,其中面积十分狭小的国家叫作"袖珍国",面积较大的几个国家需要我们在地图中记下来。(抽查一位同学)

四、游戏

刚才大家记得很认真,下面我们做个小游戏。我先示范一下……给大家1分钟的时间把这些信息在地图上先找到,等会

儿看谁用时最短。(请2~3个同学比赛)

……

同学们太棒了！你们知道吗,欧洲的这些国家为了加强社会经济间的协作发展,成立了一个国际组织——欧洲联盟,简称欧盟。(课件展示欧盟的标志、英文缩写、总部及统一的货币)

欧盟的成立使得欧洲的经济实力更加雄厚。那欧洲的经济发展具体表现在哪些方面比较发达呢?

第一,工业很发达。(课件展示英国、法国、德国、意大利汽车图)

第二,农业很发达。(课件展示法国、英国、荷兰、丹麦农业景观)

第三,交通运输业很发达。(课件展示欧洲地区高速铁路网图)

通过刚才的学习,我们知道了欧洲西部的工业、农业、交通运输业情况,可能同学们最关注、最喜欢的还是它的旅游业。想去旅游吗?(课件展示旅游资源,让学生快速说其名称和所在的国家。)

五、活动

同学们太棒了,积累了很多地理知识。下面我要从你们当中招聘几名导游,由导游来带领大家进一步熟悉欧洲西部的旅游景点。

请你设计一条欧洲西部的旅游路线,要求必须游览四国,在图中画出路线,说出游览的主要国家及其城市,描述见到的景观,并为你的欧洲之旅大力推销。

教育部艺术教育委员会秘书长古公胜提出,艺术教育是一种发现和唤醒,而不是恩赐和给予;艺术教育是一种濡染和熏陶,而不是灌输和说教;艺术教育是一种关爱和呵护,而不是误导和约束;艺术教育是一种引领和构建,而不是迎合和追逐。最受学生欢迎的课可能是艺术课,几乎所有学生都非常喜欢音乐、美术课的艺术熏陶。下面是聂斐彪老师上的《独特的装扮》一课。

多
元
课
程

独特的装扮

一、情境引入

欣赏视频《爸爸去哪儿之森林化装舞会》。

师：同学们看到了什么？

（学生回答）

师：说到化装舞会，有一个道具必不可少，是什么？

（学生回答）

教师总结：面具是指在文娱表演或化装舞会上，因需要，把面孔遮住，使人改变为特定形象的用具。

师：面具的知识你们了解多少？

（学生回答）

二、赏析探讨

教师提示：今天我准备带大家一起到面具博物馆去参观学习，让我们一起来了解面具知识吧。

视频展示面具博物馆的四个展厅，具体如下：

（一）面具分类厅

面具是一种古老的艺术品。早在几千年前，一些原始部落的人就头戴面具，挥动兵器，驱赶魔鬼，他们相信这些面具会赋予他们奇特的力量。

按面具的用途分类：特定形象的面具，特定剧情的面具，娱乐活动的面具。

课堂练习：小组讨论并分别列举各种用途的面具，列举最多的小组为胜。

教师小结：第一展厅让我们了解了面具的起源、发展和分类。

（二）中国面具知识厅

中国面具知识：与地理学科融合，展示中国地图，直观形象地展示面具的分布情况。

我国传统的面具样式较为丰富，著名的有藏戏面具、傩戏面具等。

展示贵州傩戏面具的图片，师生共同讨论并总结贵州傩戏面具的设计特点：原始、狰狞。

展示藏戏面具的图片，师生共同讨论并总结藏戏面具的特点：造型夸张，角色性格明显。

（三）世界面具知识厅

世界其他地区面具知识：与地理学科融合，展示世界地图，直观形象地展示面具的分布情况。点击地图中的位置，展示其典型面具的代表图片，如非洲、美洲、意大利、朝鲜、日本、印度等。

（四）面具制作厅

1.图片展示一个人物面具的制作过程，并总结制作步骤。

（1）构思造型：首先要确定设计什么风格、什么类型的面具（动物还是人物）。

（2）选择色彩：一般红色代表忠勇，白色代表奸诈，黑色代表刚毅等。

（3）选择材料：确定脸型、大小及眼睛的位置（注意两个眼睛之间的距离）。

（4）工艺制作（纹饰设计）：用曲线或流线做装饰纹，或用身边现有的材料进行装饰，还可以用色彩装饰（注意上色要饱和、均匀，最好用原色，增加亮丽感）。

（5）固定完成：在眼睛两侧各做一个小孔，系上绳子，一个个性十足的面具就做好了。

2.教师示范一个动物造型面具的制作过程（猫头鹰面具）。

三、学生创作

为校园文化艺术节设计制作一个有创意的面具，要求：小组协作完成，色彩纹饰与主题相关，选择材料巧搭配。

四、作品展示

在全班举行"面具舞台我来秀"活动，并设置一些特别的奖项，如最佳创意奖、最佳表演奖、最佳制作奖、最佳团队奖等。

经过不断的探索与实践，"345高效课堂"教学改革在全校取得了实质性进展，教师变了，学生变了，课堂也变了。

1. 教师变了。教师的教学观念变了，身份也变了，从"知识传授者"变成"引导者""点拨者""合作者"。教师的教案从照搬教参变成深入思考，吃透教材，了解学生需求的导学案，有力地促进了教师的专业成长。三年来，我校教师撰写了专题论文和教学经验文章达100余篇，茹慧香老师被评为衡阳市首届教学名师，李绵利、张霞、范红梅、王斯斯等30多名教师在各级比赛中获奖。

2. 学生变了。学生成了课堂的主体、学习的主人。通过预习、交流，学生养成动手、动口、动脑的学习习惯，培养了合作能力；通过巩固延伸训练，学生主动思考，探究解决深层次问题，实现知识的迁移和创新，进而链接生活中的问题，提高了探究能力与创新能力。

3. 课堂变了。课堂结构从封闭走向开放，学习方式从被动走向主动，学习环境从独裁走向民主，优化了教学过程，课堂发生了质的变化。如今，我校"345高效课堂"模式从探索、生成到广泛展开，日臻成熟，已为省内外10余所学校、400多名教师提供了交流参观的平台。

回顾新课改的历程，我时常反思，主要体会有以下几点：

1. 开放了课堂，教师的责任更大了，担子更重了。教师要引导自学，引起质疑，点拨诱导，激发思考，激励探索……问题的提出、时间的分配、难易的安排、学法的指导等，教师课前都要做到心中有数。

2. 要尽量去形式，重实效。例如，在合作学习中，若所有学生全都以小组形式围坐在一起，虽然讨论起来方便了，但是当教师需要板书，或播放图片、视频时，部分学生就不便观看，容易影响课堂效果。

3. 要加强教学研讨，把科研与校本教研结合起来，开展自我反思、观摩学习、实践体验、教学评比等活动，促进教师对"345高效课堂"模式的消化与吸收。

"345高效课堂"模式能克服传统讲授式教学目标单一、过程僵化、方式机械的痼疾。一能落实教师的主导地位：教师精讲，掌握教学进度，完成教学任务；捕捉教学时机，即时生成新的教学目标；适当控制各种"跑题"现象；做好起承转合、穿针引线、即时点拨等工作。二能注重学生的主体地位：课堂中开展多种多样的活动，有效地组织和引导小组合作学习，让学生"多思""互动"。相信经过全体师生的积极探索和共同努力，"345高效课堂"模式定能做到"以生为本"，把方法教给学生，把时间还给学生，为学生健康成长和未来发展奠定坚实的基础。

一阵清脆的铃声响起，教学楼里人头攒动，学生们谈笑风生地走出教室。会议室里的座谈会也结束了，"代表们"陆陆续续地走出行政楼。沐浴在五月的和风里，我追随着青春的脚步，感受着初夏的气息，抬头望天，一轮月亮正圆。

实践课程，教育的诗与远方

"天不言而四时行，地不语而百物生"，世间万物看似朴实无华，实则其发生、发展都是有规律的。一颗种子从播种、生根、发芽、开花到结果的过程虽简单，却蕴含着深奥的科学道理，遵循着一定的自然规律和生长规律。规律一旦被破坏，种子将无法生根发芽、茁壮成长。

学生的变化、发展就像自然界万事万物一样，也是有规律的。学生的教育不能重来，从这个角度来说，教育的本质是关注学生的生存状态，是呵护学生的生命成长，是提升学生的生命质量。

我们要从长远来看学生、学校与教育。从目标的角度来讲，我们要强化学生的知识整合能力，强化概念间的联系、信息分类整合、知识有效迁移等。我们要提高学生的高阶思维能力，即批判思维能力、问题解决能力和协作创新能力，这是学生面向未来社会必需的能力。

在我看来，实践课程能很好地培养学生的这些能力，我把它称为教育的诗与远方。我经常参与学生的实践活动，每一次都会有很大的启发和触动。下面与大家分享几个船山实验中学的特色主题实践活动。

一、远方有诗，足下有路

"你是人间的四月天"，每当悠扬的诗歌传入耳畔，我脑海里总会浮现出每年四月初三学校学子去雨母山远足的情形。那出发前的热烈动员，那即将启程的意气风发，那路途中的田园风光，那长路漫漫的咬牙坚持，都给学子们留下了一段刻骨铭心的记忆。

初中三年求学生涯中，能有多少这样的别样体验？上千个日夜的班级日常生活中，能有多少这样的同甘共苦？年轻的生命里，能有多少这样的酣畅淋漓？这就是船山实验中学给所有初三毕业生的一份深情而有诗意的馈赠——远足。

远者,遥远的所在,可望也;足者,步履的丈量,可即也。远足,即用青春的脚步来丈量一寸一寸故乡的土地。

远方有山,名曰雨母,距校十多公里,既可望又可即。徒步前往,既能锻炼学生的身体,磨炼他们的意志,又能增强他们与困难做斗争的信心。此去非独行,全班共勉之,既能培养学生团结协作的精神,又能增强他们面对突发情况的应变能力,可谓一举多得。

此外,还有一点最重要,初三学子毕业在即,深感压力很大,让他们从繁重的课业和茫茫的题海中抽身出来远足,刚好为他们提供了一次亲近自然,释放压力,舒展心灵的机会,让他们在十多公里的路上赏花观草,览山阅水,跨沟过桥,谈笑风生,怡然惬意。远足给了他们一股劲儿,由心底升腾出的那么一股劲儿,能帮助他们挣脱困境的束缚,冲破压力的羁绊,撞开心灵的闭塞。

雨母山只是一个客观的目的地,而这一路上对生命真实而丰富的体验才是那个真正的远方,像诗一样萦绕心头的远方。到达雨母山后,以班级为单位开展的联欢会上,同学们载歌载舞,有说有笑,那画面如诗亦如画。

这一路徒步前行的背后,始终有许多双眼睛在默默注视着,始终有许多颗心在无声牵挂着,始终有许多师长在一路守候着。班主任全程跟班,家长代表全程跟随,校领导全程督导。学校也为此次远足做好了全方位的应急预案,如学生出现身体不适、受伤、突发急症等都有可立即启动的预案应对。一切只为远足活动顺利开展保驾护航,一切只为学生安全出行尽心尽力,一切只为学生的健康成长与未来发展谋划着想。

海德格尔说:"人,应当诗意地栖居在大地上。"远足便是一次诗意之行,回归生命最原始的状态,读万卷书,行万里路,劳其筋骨,走进自然,足下有路,远方有诗。

为鼓舞学子士气、释放自我,2017年的雨母山远足,我做了题为《青春励志行,行者志无疆》的致辞,希望大家在春光融融之中,在暖风习习之外,去磨炼自己、展示自我、认识自我。

在致辞中,我说:"老师们,同学们,这是一场旨在培养你们耐挫、吃记、回味、赞叹、讴歌的人生体验。今天你们将沿着去年同事们、学长们留下的坚实足迹前进。这是胜利者开辟的道路。在这条道路上,有他们洒下的辛勤汗水,有他们留下的欢声笑语,有他们传下的动人故事。今天我们要和他们一样,去挑战一次锤炼身心的新极限,去谱写一曲青春无畏的新乐章,去打下一次超越自我的新胜仗。

"这将是一次感恩之行。今天,你们会感受到师长的关爱;今天,你们会体会到同学的友情;今天,你们更会感觉到自己的力量。我相信那内心的激荡、自我的祝福、内在的鼓劲,在你们今后的回忆中会把自己感动得热泪盈眶。

"这将是一次环保之行。今天,你们将用双脚丈量着家乡的一片土地。我相信,这和煦的阳光、静默的村镇、蜿蜒的小河、潮湿的泥土、碧绿的庄稼、层叠的杂树、绽放的花朵,在你们的记忆中将成为永恒。今天,你们将用心灵书写对大自然的热爱。我相信,当你们与大自然拥抱而互相感受着彼此的热情和活力时,你们会更加明白周围这一切对我们的重要意义。

"老师们,同学们,请在你们的人生历程中记住 2017 年 4 月 16 日这一天,因为今天的远足就是你们今后人生道路的一个缩影。在人生的旅程中,有平坦的大道,也有泥泞的小路;有灿烂的阳光,也有漫天的阴霾;有欢乐的笑声,也有难熬的伤痛。在未来的日子里,当你们在冲刺中考中遇到忧愁苦闷时,想想今天;当你们在冲刺中考中遇到艰难险阻时,想想今天;当你们在冲刺中考中失落无望时,想想今天;当你们在冲刺中考中孤独寂寞时,想想今天。

"青春励志行,行者志无疆! 今天,我们播种人生的希望;明天,我们定会收获生命的馈赠! 最后,祝大家旅途愉快,满载而归!"

也许是受到我的感染,参加远足的学生诗意迸发,他们立竿见影般的收获让我欣喜不已。记得 293 班谭子怡同学在远足的第二天,洋洋洒洒地写下《远访雨母》一文。她的文笔流畅,思维敏捷,给我留下了深刻印象。

远访雨母

四月十六日,学堂集众远访雨母。是负者歌,行者畅,熙熙而乐,人马浩荡,势若百万雄兵千帆竞发也。

初起时,市井士女填溢,竞看队若长龙,首尾相衔,旌动而号,震彻云霄。长龙九曲百折,雷嘶虬鸣,囷囷落天际。唐有三杰:裴旻之剑舞,张旭之草书,李白之诗。衡阳是属雁字回时,栖林于此,亦传有雁城八景之说,今者气势雄浑,至年一度,远近邻里相知,当属九景,非其莫属。

渐行耳,细雨溟濛,极目远眺,初曙辽旷,千高百邈斗相乱,心为慑,足为顿。远山青黛浅峦褐峰化作蜿蜒游龙,百步九折摩仑昃,乌鬐云归檐楣摧。冰雨寒若凌阴覆面,湿发也做桎梏千丝万缕,伴余前行路。遂启嗓与舍生高歌,荡气回肠。

再入乡里,有桃则溪之,梅则屿之,竹则林之者,邻处乡园也。峭壁回湍,桃花片片流出。右有孤丘,种梅竹上千。或有小亭,茂林修竹,曲水流觞,水尤清冽。竹有碗口,明净娟洁,打磨滑泽如扇骨,草木皆有光。

或有茉莉风动儿女香甚,香袭衣裾,沆砀顺鼻。高槐深竹,樾暗千层,坐对兰荡,一泓漾之,水木明瑟。该捧一书卷,借一片绿,幽窗开卷,字俱碧鲜。应有月光倒囊入水,江涛吞吐,露气吸之,噀天为白。或有寂寥之时,林下漏月光,簌簌如残雪,泠泠七弦上,静听松风寒。

有湖,走看其色,如秋月霜空,噀天为白;又如轻岚出岫,缭松迷石,淡淡欲散,少有石腥。

横幅猎猎,旌旗滚滚。前者呼,后者应,风光无限。有风起,惊动林里。

将情寄山水,情寄好友,自不觉足下钝痛。于天地浩渺,对茶泼饮,吟诗作对,南屏晚钟,三潭印月,此乐何极?人间行客,怒马鲜衣。

心意悠然闲来折花,遂作文以记。明朝更有明朝事,更盼

111

多元课程

今朝何处寻？

　　是曰：余为山外，最放浪形骸。

　　此文可见谭子怡同学古文功底深厚，但读来只觉夫子味浓，不觉有欢颜。而292班黄艺同学的《远山行》却是另一种风格，小清新里夹着一股力量，读来使人内心升起一股温热。

远山行

薄日喷升，谓之朝阳。

细雨斜风，暖谊摇漾。

远足雨母，互道心绪。

山色空蒙，漪澜摇漾。

低徊怎忘，远行征途。

也便搏击，纵横决荡。

书卷墨香，晕染逸兴壮思无数。

年年炎夏，新人欢语旧友泪烁。

也便远行前方，向往着未来。

比肩前行，无谓分道扬镳。

风雨兼程，只道坦荡如砥。

　　303班胡扬卓同学的《寄远歌行》，给了我一份意外之喜。喜何在？读后你定当明白。

寄远歌行

　　朝发天光，鸟宿虫鸣，千骑发于白石之肌。瞭望远山绿水，龙盘虎踞，气冲牛斗之墟。

　　二十四旗风挥，横斜纵道，车马交弛。怎挡破浪之势，千装白简，临微风，披细雨，踏虎步，走龙蛇，怨雨忧风莫非草莽。

　　细水掠发，轻风撩眉，拥万紫伴千红，心怀若谷，少年雄风，扶居阆苑盛景，歌荡空谷。

　　青禾绿苗，远间耕牛，农舍红墙黑瓦，藤条木椅白瓜，荫浏草木，十里传芳；百步一笑，纵情桃红柳绿。遥遥山路，盼盼无期，汗打衣襟，饥肠唤肚。仰天对日，定要比肩日月。

待休至,始返归院。

我对胡扬卓说:"仰天对日,定要比肩日月,小伙子志向远大。"

二、花香自芬芳,书香可致远

阳春三月,柳绿桃红,船山校园迎来了一年中最美的时节。空气中淡淡的花香提醒着我们,一年一度的"花香伴书香"读书征文活动将如火如荼地如期拉开帷幕。

书籍是传承文明的载体,是人类进步的阶梯。著名教育家朱永新曾说,一个人的精神发育史,就是他的阅读史;一个民族的精神境界取决于这个民族的阅读水平;一个没有阅读的学校永远不会有真正的教育;一个书香充盈的城市才会是一个美丽的城市。

读书学习是青少年成长立业的必由之路,不读书,你就没有广阔的视野;不读书,你就没有个性化的思想;不读书,你的前程就会暗淡无光;不读书,你人生的底色就没有光彩。

读书学习也是教师专业发展的基础,只有读书,教师才能引进源头活水,滋润学生求知若渴的心田;只有读书,教师才能生成新的知识信息,与学生进行心灵的沟通与传递;只有读书,教师才能改变原有的工作状态,体验教师职业的幸福感。

今天,读书学习已经被赋予了崭新的时代意义,成为当前社会每个人不断拓宽生命的需要。周恩来说:"为中华民族之崛起而读书。"一个民族,一个国家,要发展离不开创新,要创新离不开学习,要学习离不开读书。面对汹涌而来的世界经济知识化、信息化和全球化的浪潮,我们需要学习更多的新知识,需要练就更强的新本领。终身学习必将成为每个人的立世之本,否则他将会被社会所淘汰。故,读书、学习、创新、发展显得比任何时代都更加重要。

伟大的哲学家弗朗西斯·培根说过:"阅读使人充实,史鉴使人明智。"唐太宗李世民也曾说过:"以史为鉴,可以知兴替。"唯有经常读书,与书为伴,才能积累知识、丰富阅历,才能不断提升我们自身的能力和综合素质,才能打牢人生成功的知识根基。

我校持续开展的"花香伴书香"读书征文活动,有助于督促全校师生养成自觉阅读的习惯,在全校范围内掀起一个读书、爱书、用书的高潮,营造出一股浓郁的读书氛围,让书香飘溢在校园里,让花园式校园真正成为师生们的学苑、乐园。

花香自芬芳,书香可致远。我想,与书相伴的人生,一定有质量、有生机;书香飘溢的校园,一定有内涵、有活力。学生在教师的指导下积极参与活动,共享读书的美好时光,分享读书的浓浓乐趣。我们把"花香伴书香"读书征文活动真正打造为一次新的耕耘与播种,让迷人的浓浓书香飘溢在船山的校园里,让读书生活伴随着我们成长的每个脚步,让我们更加自信、充实地走向美好,走向未来!

且读266班谢雨萌家长、国家二级作家谢应龙的《期待你们的花香》。

期待你们的花香

书香、花香如同心香,在船山这个香气扑鼻的家园,总有那么多被花迷醉者,还有一些迷醉之后能歌之舞之蹈之者。他们以心为砚,磨出了心里最稠的字眼,抑或最乐放的律动。他们的每一个灵动的字眼,都是我拾级向上、船山拾级向上的音符。

雅人种花。牡丹为何择洛阳?皆因十三朝古都之故。观花魁争奇斗艳,赏心悦目之后,若我们再往深一层次去想,花未开之前,是一株平常的枝蔓;枝蔓未绿之前,是一粒不起眼的种子;种子未播之前,是花农手中一颗饱满的希望。而你们选择船山实验中学,就已是一株非同一般的枝蔓了。期待你们明天的花香,与洛阳花魁一样国色天香,开成最美校园里一朵独一无二的自己。这是所有园丁的心愿。

船山校园里弥漫书香与花香,让人陶醉。你们或许没有注意到,这其实更多的是因为有了师者心香一瓣的缘故。只是埋头于书海中的你们,没有闲暇去寻觅、去感知那心香一瓣,其实都是一束束默默点亮你们内心的火焰。

因为他们深知,花开花香要经天长日久,要受阳光雨露。他们无悔地变成这两个成语的化身,从黎明的露珠到深夜的花眠,用整整三年的时光,把一绺绺青丝换成白发,将你们的未来捧在手心里呵护,将你们的嬗变在心尖上丈量,用心肝铺就前方偶尔可能有刺的路!

而往往,身在其中的你们却容易忽视这种美的源头,没能真正感悟到那朵暗开的花。它开在园丁心灵的最深处——每一位爱你们的人的心里都有一朵永不凋谢的花,最美的花!

这朵花在传道授业解惑的同时,把自己的感情隐藏得很深。大爱无言,无言中的感动,只可意会不可言传。所以,在你们未真正花开之前,要学会用情来赏那朵开在园丁心里的花,用心去感受师者传道授业解惑的良苦,要去发现他们期待你们花香的那一份执着,还要通过多种渠道表达出来。比如一首诗、一篇作文、一幅图画,引起更多的人产生共鸣,来体验其中之美,更深一层地去感悟师者之可贵。这其实是你们一路花开的过程,也是重塑一朵花的过程,更是为一朵花增色添香的过程。只有如此,你们才会真正成为别具一格的花一朵。

相信,校园里这样的花开了,一朵、两朵、三朵……处处花香溢人,你才会发现:师者给予你们的那一份童话般的心愿,已在不知不觉间盛开;你才会感叹:游弋在书香与花海的船山校园里真好!

且读我校王斯斯老师的《给船山的情书》。

给船山的情书

船山实验中学今年走过了她的第21个年华,冬去春来,迎送了一批又一批学子,成为无数少年们心的港湾、梦的摇篮。一起走过的春夏秋冬,是我们永远的回忆。

如果以校园的景物来对应四季,则春天是时而和暖、时而微凉的春风催开的一树桃花,纷纷扬扬的粉色花瓣飘在人工湖里,陶醉了一池的鱼儿;夏天是撒满汗水的操场,落日的黄昏、霞光将运动的少年和聊天的少女脸庞染得通红;秋天是桂花香气弥漫的小径,柚子树上挂满了黄澄澄的果实,黏住了孩子们

多元课程

的目光,却始终没有谁去摘下一个;冬天是午后暖阳中,常驻校园的乌龟一家四口爬出来晒太阳的乐土和竹林里的一场潇潇微雨。

如果以校园的声音来对应四季,则春天是湖畔柳梢上鸟儿的叽喳声和风中少年自行车洒了一路的铃声;夏天是日出之前初三学子响遍整个校园的脚步声;秋天是在天高云淡的日子里,操场上运动员的进行曲和加油的呐喊声;冬天是布满雾气的教室里琅琅的读书声。

如果以心绪来对应四季,则春天是奋发的季节,不然就似乎对不起春天的美好与期待;夏天是每年六月离别的泪水,否则我们不会明白友情的可贵;秋天是军训时新生们可爱的笑容和眼神中对未来的憧憬;冬天是总结自己一年收获的喜悦,给自己写一封信。

春晴披霞,有竹有花;夏晚听雨,有诗有梦;秋晓谈心,有笑有泪;冬夜执卷,有你有我。

再看我校杨玲老师的《被疏梅料理成风月》。

被疏梅料理成风月

男孩说:"我为什么要倾听我的心灵呢?"

《牧羊少年的奇幻之旅》中说:"因为你永远无法让它沉默,哪怕是你装作不听它所讲的东西,它也依然总是在你的心底反复陈述它对生活和世界的看法。"

记得辛弃疾写过这样一句词:"剩水残山无态度,被疏梅料理成风月。"

我这几天一直在默默念叨这句词,写得真的很好。我也一直在寻找我生命中的"疏梅",想让它们点缀我整个心灵,也料理我心中杂芜的荒地,使之充实。疏梅为春天开路,我便在这里沉醉。

季羡林在《留德十年》里说道:"我总觉得,在无量的,无论在空间上或时间上,宇宙进程中,我们有这次生命,不是容易事，比电火还要快，一闪便会消逝到永恒的沉默里去。我们不要放过这短短的时间，我们要多看一些东西。"

人生若白驹过隙，忽然而已，一不小心便成永远的沉寂，所以在活着的时候，总是要有个信仰，来缓解对消逝的恐惧。儒家文化深深地扎根在每个士人的心里。对于生命的追求，儒家思想提倡"三不朽"：太上立德，其次立功，其次立言。在历史的长河里，众多仁人志士在这条路上完成了他们生命的不朽。对于儒家的"三不朽"，我念念不忘，一路走来，人总得留点东西证明自己曾经存在过吧。我很赞同张载说的"为天地立心，为生民立命，为往圣继绝学，为万世开太平"。我想不放弃努力，让自己多找几枝俏梅，点缀生命，充实生命。

所以幸运的是生命中出现"疏梅"时的那份快乐，那种沉浸与陶醉，那种对混沌生命的顿然领悟，那种无需多言的默契。

它或许在万卷书中，或许在万里路里，或许在贤师门下，年轻的生命总能寻觅到它的倩影，快乐有时就在这寻觅过程中，有人和你心有灵犀，有人以他桀骜不驯、放荡不羁的性格，或特立独行，或温文尔雅，或者一个时代名垂青史的风流人士以他独特的风度，征服了你。即使年轻的生命、肤浅的阅历让你暂时看得不明朗，但是总有一些时候你会对整个生命有个认识，明白怎样才不算碌碌无为，什么才是生命中最需要的"疏梅"。

这在很大程度上取决于自己的本心，心之所爱，心之所向。因为还年轻，或许你不至于糊里糊涂随大流地过一辈子。这就是他们给你的人生参照，你可以在这里面寻找到自己要的人生信仰，就像很多人喜欢陶渊明。我最佩服陶渊明的是他在举目无知己的情况自己开辟了一种人生模式，这种模式是他自己所追求的，同时也是史无前例的，这需要多大的勇气和毅力啊！因为一个人踽踽独行很容易迷失方向，很容易没有毅力坚持走自己喜欢的路，但是陶渊明就做到了，他就是冯友兰先生说的天地境界中的一员，与自然合而为一，提壶挂寒柯，淡泊地看着飞鸟相与还。

易中天说:"读书分为谋生和谋心两种:谋生的读书,是从小学一直读到大学,为的是找个工作,这不是真正的读书;而谋心的读书,是为了心灵的寄托和安慰,这才是真正的读书。"

暑假里我看了叶嘉莹老师解读唐诗宋词的节目。她说这些诗词是她人生最宝贵的寄托,因为有了它们,她在人生低谷的时候,仍然能坚信总有豁然开朗、柳暗花明的那一天。我想诗词便是她人生的"疏梅",读透了,渗透到她的整个人生,也许这个过程很漫长吧。

我呢?我愿万卷古今消永夜,一窗昏晓送流年,在恰似冰底水的流年里,我会让我的"疏梅"绽放,让花香萦袖,点缀成无愧生命的风月。

未曾觉晓春,雨坠带花香。不过冰墙筑,却得墨香绕。学生在书香与花香交织的校园中,领略着物质与精神的双重馈赠。且看290班欧星颜同学的《书香伴花香》。

书香伴花香

不知什么时候,落起了春雨,轻轻的,听不见淅沥的响声,像一种湿漉漉的烟雾,扬起一阵浓郁的土香,渗出一丝青草味,卷着各种花的香。大地完全被绿化了,从外表到心灵都焕然一新,整个校园都被那抹绿和粉红覆盖了。春天就这样不知不觉走近我们,在我们吐出一口气,吸进一口气的时候,来到我们身边,来到我们心里。春天,一个百花齐放的季节,气温渐渐升高,但前两天还是有点冷,料峭春风吹得人感觉有点凉。每次踏着夕阳的点点碎金来到食堂的小道,我都可以听见莘莘学子的琅琅读书声,极像那刚破土而出的小草,带着那股冲劲和朝气蓬勃的精神。伴着小道旁的那一抹粉红,呼吸一口,清爽的空气中卷入一丝清香。这抹粉红让人的心境开朗起来,让人的笑容多了起来。

我喜欢漫步在人工湖旁的鹅卵石上,因为那里有我向往的清静和不知名的花香。偶尔,教室里的杂乱、吵闹令我情绪浮躁背不了书时,我便拉上好友捧上语文书漫步在鹅卵石上。我们时而倾谈,时而不语观赏,让那清静和不知名的花香安抚我那颗浮躁的心。平静后,我背道:"为篱下,黄花开遍,秋容如拭……"嗅着清雅的花香,在脑海里想象作者当时的处境、写这首诗的心情,也是件很美妙的事。

学校后门那边有几颗樟树,樟树下有一层台阶座椅,供人休息。我喜欢在那和好友唱歌,喜欢在那看书,喜欢在那想事情……那里远离了操场的嘈杂,那里有桂花散发的花香,那里有小鱼嬉戏的美景,那里有我贪恋的一切。那里行走的学长们都很着急,只因他们有场叫"中考"的仗要打,就像栀子花一样,在其他季节都沉默着,只待夏天便盛然开放。

时间就像从指间滑落的细沙,摩擦着记忆,留下了痕迹,转眼就过了两年半了。依然记得刚来到陌生的环境,面对这陌生的一切时的彷徨无助的感觉;依然记得后来与大家打成一片,踏实喜悦的感觉。我们在这甘甜的书香里成长,在校园里追逐,伴着花香我们嬉笑。

书香伴花香,成长不孤单。

每年的三月,船山实验中学公众号会向船山学子发出请柬,邀请他们以诗、以歌、以青春,来赴一场文字的盛宴。且看293班莫梓艺同学的《少年读,花月正春风》。

少年读,花月正春风

准备好用最美的朗读,赴这场春天的邀约。

——题记

又是一年春色旖旎,花露重,草眼低,一片"句里春风正剪裁"的良辰美景。这样温柔的人间四月天,吹着和风,不起哀愁,不需急匆匆地赶,我要做的只是揽一卷书,捻心香一瓣,熏出一颗诗心,悠悠荡过校园未名湖的堤岸,斜风细雨,杨柳依依,桃花灼灼……

"园中有树,树上有花,花下读书",这是船山学子的写照。

我素来爱在教学楼前"绿巨人"似的树下小憩,在诗雨词风中,平平仄仄地浅吟,让我的灵魂婉约成一朵白莲,让我以一朵花的姿态行走于世间。或许是书中古典的窈窕,或许是船山烂漫的风光,或许是"风声雨声读书声,声声入耳"的惬意,"当遇见温柔的岁月,缘分便是最好的注解",春光里,与明媚的船山结缘,与一树一树的花开结缘,与来自心灵的悸动结缘,真情斯见……

裳裳者华,其叶湑兮

不必艳羡鲁迅童年时代"百草园"的奇妙绚烂,不必在陶渊明笔下的"桃花源"流连忘返,不必为《红楼梦》里"大观园"中赏花论诗的生活陶醉。其实,就在脚下,我们的校园便是一片繁花似锦的乐土。

静悄悄地翻开书册,见里面依然夹着轻盈的飞花和碧色的丝绦,我生出寻美校园的念头来。犹记得校园花开几树,有的是桃之夭夭、嫣然楚楚的绽放,有的是海棠依旧、幽姿淑态的绽放;临湖畔,那轻,那娉婷,她是,鲜妍。站在隐匿于未名湖后的曲折小路上,悠闲地凝望着湖面,看着锦鳞戏落花,看着碧玉正梳妆,看着来来往往笑靥如花的少年。湖边宛如静水红颜的,是芳菲的桃花,当然,还有紫荆、映山红、海棠以及不知名的小花相互掩映。

闲来独坐细数花开,有时却是二三友人,一同对着关不住的春色评头论足。我想起冰心奶奶的小诗:"成功的花,人们只惊羡她现时的明艳! 然而当初她的芽儿,浸透了奋斗的泪泉,洒遍了牺牲的血雨。"竟有种微妙的感动。

少年读"裳裳者华,其叶湑兮",唯愿将这花儿的芬芳,融进生命里,书写未来曼妙的篇章。

鸿雁于飞,肃肃其羽

这是花儿飘香的季节,也是雁字回时的季节。校园的碧空上,常有成群结队、翩飞回旋的大雁迎风展翅,它们是否也是来琅琅的读书声中,凑一凑这份浓浓的热闹? 锦书谁托鸿雁去? 这时的我,偶然抬头望见那"一"字长队忽而变化成"人"字形,从高空俯冲而又盘旋直上青天,不禁浮想联翩。

我嗅着淡雅的墨香,倚窗而坐,趁着下课时光,忙里偷闲了一会儿。我委实被这奇妙的雁阵吸引了,喜欢它们不抛弃、不放弃任何同伴,齐齐飞回它们"故乡"的精神。明代王恭曾有诗云:"春风一夜到衡阳,楚水燕山万里长。莫怪春来便归去,江南虽好是他乡。"

琐碎生活里,温会儿书,不忘留一分真、守一分闲在这样的时刻。北归的大雁教会了学子团结、合作与同行,学子报之以书声。

少年读"鸿雁于飞,肃肃其羽",祈盼将这份伟大的智慧,凝结成行,迎接六月的挑战。

青青子衿,悠悠我心

一棵开花的树,是席慕蓉用心守候的热情;一段倾城之恋,是张爱玲用回忆抒写的深情;一只小小的纸船,是冰心用爱折叠的亲情……不记得是什么时候沉醉在书香里无法自拔的,只记得老师曾对我们说过,"'悦'读,就是一朵花和另一朵花在一起"。不知不觉,在船山度过了两年光阴,恍然明白过来"花"的真正含义,原来是让我们用一颗美好的心,去相信奇迹。

花开时,我去看花;书香袅袅,我便阅读;雁字回时,我望雁阵;若有一天挥手自兹去,我就画画回忆。

少年读"青青子衿,悠悠我心",即便"不识愁滋味"的年龄终将逝去,我愿拾一片光阴,诉与你听。

踽踽走过校园春色迷离的小径,乘着思绪的飞羽,在这春光中,放飞美好的梦想。船山是一处足迹,是一段故事,是你我心中永恒的回忆。

花香我,书亦香我,原来船山就是一本书,一本需要用一辈子的时光细细品读的书。而在不久的将来,读书的少年,也将走向天涯。

再看294班胡杨零同学的《以梦为路,以景写书》。

以梦为路，以景写书

曾是梦里为书，如实写照，现是景里为路，如实行走，去时穷极一生，回时无处安放。那是青春里的梦，也是青春里的路，亦是青春里的景，更是青春里的书。

四月的雨是连绵不断的，树是已然复苏的，学校的操场里有着蜜蜂的踪迹，徘徊在工具房旁。每当中午，阳光正好，它们便来了，在操场上的乒乓球桌旁停留会儿，又飞向篮球场，却被拍打篮球的声音吓跑，只能飞向无人问津的工具房了。一个一个人走过，除了挥挥它们，让它们离远些，便无其他。等人们离开，它们还在原地环绕，是否它们也在寻觅着什么？

正看着《无比美妙的痛苦》的我，在晦涩中迷茫着，初二的岁月已悄然流逝一大半，接下来是盼望已久的生地会考了，满是期待，也满是害怕。与此同时，更有着对自己的失望，每一次绷着的弦，在每一处错误中都被狠狠割断，那时，我便开始逃避，逃避我的错误，逃避我的无知，逃避我的孤芳自赏。我以为我是一只麻雀，五脏俱全，但其实我只是一只杜鹃，留下一切的负担，名为自由，实为懒惰。我想我也需要书里那个每天靠氧气瓶维持生命的爱看书的任性的女孩的勇气了，爱上某一天的阳光，好好做一天的梦，同时带上书，在梦里远走天涯。

四月的风又来了，飘飘洒洒，是雨还是风，已然不知。可它们还在，寻寻觅觅，难道不用回去采蜜吗？若只是留恋，为何不去绿化较多的人工湖那边呢？在九月来临前，我仍百思不得其解，它们也从未离开过。当树也开始慢慢枯去时，我终是知道了，知道它们久久不肯离去是为了什么，原来只是灯光的作用。每一个教室想必都有几只不知是飞蛾还是蚊虫什么的干扰，它们总喜欢依附在电子白板上干扰，并且越挫越勇，从不畏惧，每次都会引得上课的气氛一下子活跃起来。原来它们也一直追寻着灯光。

走在两旁都种满樟树的教学楼旁的路上，耳边有风悄然吹过。慢慢地走着，我发现原来从这里看整个教学楼竟是这般的风景，每一个教室都开着灯，每一盏灯边都有几条被拉长的影子。这一刻，我竟也像那蜜蜂，远远地望着那些开着的灯。原来，我寻找的也是这些照亮黑暗的灯。

此刻，窗外的雨淅淅沥沥的，没有之前那般猛烈了。我的青春，亦要如此般。

三、告别六一，带梦成长

学校每年五六月份都会在初一年级开展"告别六一"大型合唱比赛活动，以展现学生健康向上的思想情趣和丰富快乐的校园生活，深刻激发他们对祖国的热爱，增强责任感和使命感，营造体现社会主义核心价值体系内涵的校园文化氛围。同时，让全年级同学在这个特殊的日子里，驻足生命发展中特殊的一刻，感悟和珍惜生命成长历程。

"告别六一"大型合唱比赛活动

比赛前，初一年级每个班都精心准备，如有特色的表演道具、统一着装等。比赛中，学生个个精神饱满，台风端正，合着音乐，伴着优美的舞姿，把歌曲表现得淋漓尽致。例如，2018年"告别六一"大型合唱比赛活动的主题是"肩负时代使命，放飞青春梦想"，歌曲选择就以爱国、爱军为主，特点鲜明。有欢快的《歌声与微笑》，有气势恢宏的《黄河大合唱》，有铿锵有力的《打靶归来》，有正义慷慨的《精忠报国》等，这一首首脍炙人口的经典歌曲唱响了校园。歌声不仅展现了孩子们童真团结的一面，更为孩子们留下了一段美好的记忆。

退队仪式是从全体学生重温那首熟悉的《中国少年先锋队队歌》开始的，接着大家庄重地摘下了胸前那条鲜艳的红领巾，把它高高举过头顶，挥舞着它，它见证了孩子们的成长，看着懵懂的孩子蜕变为意气风发的少年，它陪伴着孩子们挥洒汗水，放飞青春。最后团委副书记刘小鹏带领孩子们宣读了青春誓词。

青春誓词

从今天起

告别六一

告别童年

迈入青春

用信心对自己负责

用诚心对他人负责

用爱心对家庭负责

用热心对社会负责

用赤心对国家负责

要谦和，要宽容，要坚强，要诚信

珍惜生命，珍惜情谊

坦荡处世，真善待人

告别六一

告别童年

迈入青春

话语里充满了大家对童年的不舍和留恋，也蕴含着新一届船山学子们对青春的憧憬和希望。

321班蒋梓仪同学是这样回忆自己初一"告别六一"活动的：

到现在我还能清晰忆起的事，是初一那年的最后一个六一儿童节。那天的叶绿得逼人，繁花似已开至荼蘼，映得系于胸前的红领巾都红得灼眼。六月热情的天,与台上校长不紧不慢的讲话衬得正好:"青春是一个人生命的聚光点,青春的调色板上,应该涂满汗水和心血……"台下静悄悄的,我抿唇。"……在这属于你们的最后一个六一儿童节里,摘下红领巾,向天空抛去吧!"随着台下忽然高涨的呼喊声,我取下红领巾并把它高高抛起。抬头望去,那飘扬的一抹抹红色似那适逢其会、猝不及防的悄然成长……

当新时代的战鼓擂响,青少年是国家的未来和民族的希望。船山人始终用智慧与拼搏、继承与创新,践行着"学生的健康成长与未来发展高于一切"的理念,"告别六一"大型合唱比赛活动展示了我校素质教育的丰硕成果,寓德育于学生活动,增强了各班的凝聚力与团结协作精神,激发了船山学子对青春梦想的追求,唱响了拼搏奋进的主旋律。

船山实验中学2018年初一年级"告别六一"大型合唱比赛活动方案

一、活动目的

践行社会主义核心价值观,加强立德树人教育,培养学生的艺术素质,丰富校园文化生活;让学生在比赛过程中发现美、创造美、体验美,体现积极向上的思想情趣,激发他们对祖国的热爱,增强责任感和使命感;激发学生的学习热情,帮助他们立志健康成长,真正成为社会主义建设的有用人才。

二、活动主题

肩负时代使命,放飞青春梦想。

三、比赛时间

2018年5月30日(周三)上午8:00。

四、比赛地点

船山广场。

五、参加人员

学校领导、初一年级全体师生及学生家长。

六、活动内容及要求

1.活动由校团委、初一年级组总负责。

2.演唱形式为大合唱(可以加入创新元素)。参赛各班必须有一名指挥。指挥手势要到位,节奏感要强。演唱者要统一着装。

3.演唱内容:合唱比赛每班两首歌曲,一首为指定歌曲《一中,理想的殿堂》,另一首为自选歌曲。自选歌曲在指定的50首歌曲中任选一首。演唱时间严格控制在6分钟以内。

4.参赛节目要注明节目思想内涵、表演形式等。

5.出场顺序由各班抽签决定。

七、活动流程

1.主持人开场白。

2.校长致辞。

3.正式比赛(主持人串词)。

4.青春宣誓(刘小鹏)。

5.全体人员合唱校歌。

6.宣布获奖名单。

7.主持人结束词。

8.获奖班级领奖及合影。

八、活动工作人员安排

1.场地安排:初一年级体育老师(包括各班级进退场顺序的组织)。

2.主席台、合唱台布置:总务处(主席台10座,合唱台需要配足4层)。

3.催场:实习老师。

4.背景音乐、电子屏背景视频播放:聂斐彪、朱晓飞、陆星(租用合唱话筒)。

5.影像:何辉。

6.用电保障:贺洪亿。

7.统分:续艳、5名学生干部。

九、评分标准

合唱比赛按照10分制来评分。

1. 队伍整齐,服装统一。(1分)

2. 进退场安静有序,精神饱满,大方有礼。(1分)

3. 内容健康,音乐处理得体,强弱、快慢对比鲜明。(3分)

4. 声音洪亮,音色和谐,层次清晰,节奏准确,演唱与伴奏配合协调。(2分)

5. 指挥动作协调,能合上节奏,打出拍点,充满激情,调动整个合唱队的情绪,完美地诠释乐曲内涵。(1分)

6. 电子屏背景视频美观大气,能体现班级风采。(1分)

7. 合唱时间在6分钟以内,以工作人员计时为准。(1分)

注:最后评分结果以10分制进行计算。班级得分分为两部分:专业音乐老师评分和家长委员评分各占50%。家长委员评分去掉最高分和最低分后算出平均分,最后得分=家长委员评分平均分×50%+专业音乐老师评分平均分×50%。

十、奖项设置

1. 设一等奖(4名)、二等奖(6名)、三等奖(8名)。

2. 设优秀组织奖5名。

【优秀组织奖评分标准】

(1)学生满勤(缺一人扣0.1分)。(1分)

(2)进退场秩序好,精神面貌好。(2分)

(3)就座整齐,不随意走动。(2分)

(4)各班级要打扫自己所属的场地,比赛结束10分钟后进行检查打分。(2分)

(5)会场纪律严明,不大声喧哗。(2分)

(6)比赛期间班主任在本班场地跟班。(1分)

3. 设精神文明奖5名。

【精神文明奖评分标准】

(1)精神面貌好。(2分)

(2)统一着装,干净整洁,无污渍。(2分)

(3)统一佩戴红领巾。(2分)

(4)鼓掌声音洪亮、整齐,不喝倒彩。(2分)

（5）班级所坐区域无垃圾，卫生保洁到位。（2分）

附：校长致辞

亲爱的同学们：

　　大家好！

　　很荣幸，你们童年与青少年的转轨期，是和我们这些老师、家长一起度过的。作为你们的师长、朋友，我真诚地向你们表示祝贺，祝贺你们从幸福的童年步入了美好的青少年时代。

　　同学们，十三四岁，诗一般的年华，花一样的季节，青春从此开始，梦想就此酝酿。从此，你们站在了人生的第一道风景线上，犹如早上八九点钟的太阳。

　　青春是红色的，它热情奔放，每一分钟都在积极向上；青春是紫色的，它深沉浪漫，每一刻都在走向成熟。但我最想告诉你们的是：青春是一个人生命的聚光点，青春的调色板上，应该涂满汗水和心血；青春的旋律不仅委婉动听，而且应该刚劲有力！

　　同学们，长大的你们要勇于担当责任。因为勇于担当责任既是成熟的标志，更是一种积极的态度。

　　作为子女，你们要理解、孝敬父母；作为朋友，你们要互帮互助互谅；作为学生，你们要勤奋学习，踏实进取，成为祖国的栋梁之材；作为社会中的公民，你们要开拓创新。"天下兴亡，匹夫有责"，做一只展翅高飞的雏鹰，勇敢地飞吧！祝你们的青春更灿烂、更美好！祝各位家长身体健康、万事如意！祝老师们工作顺利，平安幸福！祝我们学校明天更加美好！

　　最后，在这属于你们的最后一个六一儿童节里，摘下红领巾，向天空抛去吧！

　　谢谢大家！

四、船山故事，记录成长

教育是什么？有人说："忘记所学到的东西，剩下的就是教育。"一所学校一定要有故事，故事是一种教育、一种历史、一种文化。当我们怀念校园生活时，我们更多的是怀念校园里曾经发生的故事，以及故事背后的冷暖人生。有了这些，学校才会有温暖。

对一所学校而言，教师应该是温暖的守候，校长应该是温暖的符号，学校应该是温暖的田园，教育应该是温暖的等待和唤醒。

船山实验中学有一批富有爱心、甘于奉献的教师，他们用自己的行动演绎着动人的船山故事。我时常感动于我校教师，他们用心做事，在他们身上体现出教育的情怀、宁静的心态、敬业的精神和儒雅的姿态。我感动于他们对学生充满爱心、耐心和包容心。

313班班主任刘小鹏老师就是其中一位。他的学生说："刘老师对我们真的很好，我们卡里没钱了找他，寝室里出问题了找他，有困惑找他。在学校，他几乎承包了我们平时在家里父母会帮我们做的所有事。他走在最前面，像一个将军带着他的士兵去迎接战斗。走在他的后面，我总感觉自己得到了莫大的庇护，走路也更有气势了。我还记得那一天，天气很冷，外面下着小雨，刺骨的寒风刮在脸上很疼，我们都叫苦连天，但刘老师还是让我们跑了步，做了俯卧撑。我想我永远都会记得他说的话：'你们练的是自己的身体，你们练在自己身上，最后的益处都是你的而不是我的。就这么点小风小雨如果就想退缩，就要放弃，那你们究竟什么时候才肯努力？我只能说，我的学生带不完，这一届没带好我还有下一届，可是你们呢？生命只有一次，千万别做让自己后悔终生的事啊！'"

像刘小鹏这样的老师，在船山实验中学还有很多很多。他们将自己的青春交付于船山的三尺讲台，他们用自己的汗水浸润着船山这片沃土。在我校校刊《船山文学》上有一个专栏——《船山故事》，它面向全体师生征文。那些由教师和学生们写下的身边温暖的人与事，每每令我爱不释手、一读再读。它们记录着教师的师德风范，记录着学子的青春誓言，记录着学校改革、建设与发展的光阴流转和薪火相传。

一个叛逆少年的完美转变

聂斐彪

第一印象

2017 年下学期第二周的一天，我正在初三 290 班上美术课，一个女同学突然跟我说："聂老师，我叫王园，我想参加美术社团，成为美术特长生。"我停下来打量了她一下，吓了一跳，这个孩子的穿着打扮跟初中生的年龄很不相称，抹了口红，烫着卷发，当然，也没穿校服！于是我冷冷地对她说："不是每个学生都能参加这个美术社团，也不是每个学生都可以成为特长生，主要看你是否有美术方面的潜质。今天下午周练后自己带工具来画室测试一下。"

下午她来到画室，很准时，但打扮还是那样的"社会气"。她找到工具和静物画了起来。一个星期每天一节课她坚持下来了，这中间我一直忙于教社团里的学生画画，没有跟她说一句话，没有教她任何专业知识，也没有帮她改画，最多只是在她后面看一看，暗暗地观察她耐性怎么样。

周五下午，她主动找到我说她画完了，问我她是否可以参加社团训练。我看了一下她的画，画得一般，但画面比一般的孩子要完整些，于是对她说："可以，但是要你家长和班主任与我联系，同意你参加美术社团训练并以特长生考高中。下个星期你自己准备好画具在同样的时间参加训练。"她如释重负地笑了。我告诉她我没有拒绝她不是因为她画得好，主要是因为她做事有始有终。一位老师绝不会拒绝一个坚持到底的学生。

逆反

接下来的一个星期每天的训练她都能准时参加，很认真，但依旧是那种"社会气"的穿着。有一次我给她示范后很肯定地表扬了她，说她画画很有艺术气质，画面很有艺术美感。她很高兴。我又说："美是什么？绝不是每天涂胭脂、抹口红、涂指甲油，而是一种返璞归真的朴素。气质又是什么？是内在精神的外在自然流露。"此后一周她没有来画室,国庆长假以后还是没有来画室。

正当我为此惶恐不安的时候,突然接到了她妈妈的电话,我知道了原因:她每天回到家就玩手机,不愿意去学校了,除非让她带手机去学校。我长吁一口气,并不是因为我那天的谈话。我想这孩子对我的教育方式还是有点认可的,有救。于是我在电话中问她对学校还有没有留恋的地方,没想到她竟然留恋画室。我想了想,让她第二天带手机来画室。

第二天下午王园来画室了,穿了校服,而且没有抹口红。听说她一整天都没去班上,下午直接来的画室。来了以后她直接坐下来画画,也没有跟我说话。她以为我会对她来一大堆说教,所以来画室后故意不理我。下课后我只对她说了一句话:"明天开始,上文化课的时间到教室上课,下午下课后依旧到画室画画。"如果这个时候我来一大堆说教,只能激起她早已准备好的逆反,而相反,我不当一回事只能让她感到奇怪、让她心中叛逆的戾气落空,让她带着某种不安或一点点愧疚去反思。

进步

接下来每天下午她都准时来画室,画画也比较认真。因为她的一幅画作为优秀作品在学校美术备课组社团宣传专栏中展示了,所以之后每次我指出她画中的不足之处时,她都很用心地去感悟并改正,学习能力很强并且主动而专注。

就这样,王园每天都会准时参加训练,而且很勤奋,慢慢地她跟我说的话多了起来。有一次她跟我说起她休学的原因:"我小学成绩还不错,读初中后特别是初二的时候有点跟不上,压力很大,排座位时被排到最后一排,就跟后面的一些学生开始瞎混。后来结交了一些社会上的朋友,我父母就把我送到一个特殊学校去。在那个学校里,一天到晚就是军训,犯一点事就被关在黑屋子里。我心里有怨恨,一回家就砸东西,把家里砸得稀巴烂。父母又把我送进去,我到那个学校去过两次。"说这些话的时候我发现她的神情是咬牙切齿的,我沉默了,感觉很震撼。

　　这个时候我不知道该说什么，如果说她父母这样做是为她好无疑会加大对她的伤害。我沉默了很久，只是默默地帮她改画示范给她看。我说："有时候苦难也是人生的一笔财富，如果你不休学，你就没有机会让我发现你在画画方面有很好的潜质，并且有了自己人生的目标和方向。也许在从艺的道路上会遇到比这更大的挫折，到那时你就比别人多了一份经历苦难的韧劲与勇气。"王园擦干了眼泪说："老师，我明白，这段时间我开心多了，我也没有那么恨我的父母了，但是文化课我真的听不懂，不知道从何下手。""你看你画的素描，那么复杂的静物要在平面的纸上表现出真实的空间感、立体感和丰富的黑白灰层次，看似很难是不是？你是怎么画的？无非是用线条从形体的大的框架结构开始，把复杂的形体概括成最简单的几何块面，然后一步步由浅入深，抓住重点，归纳总结，发挥自己的主观能动性，融入自己的个性和对美的理解，努力达到最完美的效果。"

　　经过这次谈话，慢慢地我发现她开始跟其他特长生交流了，也有说有笑了，不再像刚来画室时那样一个人缩在角落里埋头画画。有时候她会偷偷地玩一下手机，但一看到我马上就收起来。后来她玩手机的频率越来越小，有一次手机竟然放在画室里忘记带走了，放了几天都没发现。现在画室的一个角落里还贴着几张她处于瓶颈期时画的画。同样的画，别的学生画一张，她画四五张，反复地钻研一个难点，每张画上都写着"失败品"三个字，痛苦的挣扎磨出了她的韧劲。

　　家长心中的焦虑在减轻，孩子也开始静下心来思考学习与前途了。她父母期间打过几次电话跟我交流说，王园现在在家里跟他们说话多了，不再像以前那样三句话不对头就起冲突，我也在不断地提醒家长慢慢来，放低期望。

绽放

这学期学校表彰了一些优秀特长生，王园在表彰名单之列。她很兴奋地跟我说:"老师,这是我初中阶段第一次被表扬,我真的没想到。"班主任把她的位置排在前面醒目的位置。教室在一楼,人来人往的,她再那样装扮,自己都感到不好意思了。

初中最后一个学期,无论是学习压力,还是专业训练强度都大幅度增加,她每一次文化课考试都在进步,四百多分、五百多分……专业课考试那天,没想到出状况了。中午在考场里休息,他们有四个学生的颜料遭到恶意破坏,其中有两个学生因为此原因专业课没入围。她反而很冷静地处理,借同学的颜料完成了考试。事后我问她当时心慌不慌,她说:"没什么,就像在画室画画那样,没颜料了向同学借,很平常。"

几天后专业课成绩出来了,她入围了,但分数不高,是社团里入围学生中分数最低的。七月四号,文化课成绩出来了,她考了一个让所有人意外的分数——总分八百二十四分,而且是在她生地会考只有一百四十多分的情况下。这个分数是社团里所有特长生中最高的。最后她以综合成绩第十五名(衡阳市第一中学当年只招十五名美术特长生)被录取了。

温暖

暑假我因病在家休养,王园和几个社团的学生来探望我,我很好奇地问她文化课成绩是如何赶上来的。她笑着说:"很意外能考得这么好,那段时间我每天晚上回去要做一个多小时的英语题目,特别是完形填空题,看不懂我就背下来,每天学习到十一二点。其他科目还好,就是按您的方法打框架,一个一个知识点地过。"我笑了,说:"你现在也很低调了。"

假期中她妈妈发了一个朋友圈,图片是王园在给她买衣服,文字是"妈妈的贴心小棉袄用自己的钱给我买衣服,好感动",后面全是幸福的表情。他爸爸也在朋友圈中发了一张他们全家外出旅游的照片,王园穿着民族服装搂着她弟弟站在一个景点前。很温馨,再没有那种浮华的装扮,神态很安静,就是一个姐姐细心地呵护弟弟的样子,毫不做作。我看了很感动。

我想到我国台湾作家张晓风写的一篇散文,题目是《我交给你们一个孩子》,其中有这么一段话:"今天清晨,我交给你一个欢欣、诚实又颖悟的小男孩,多年以后,你将还我一个怎样的青年?"这一句发问,敲击着每一个有良知的教育者的心。我们的所有教育行为,不都是为了回答这位母亲的发问吗?

慢养孩子是我国台湾著名成功学大师黑幼龙先生的家教心得,他说:"养孩子就像种花,要耐心等待花开。"王园的故事告诉我们所有教育工作者,静待花开是多么重要,我庆幸我等待了,呵护了一朵花的美丽绽放。

你是我的肩

颜燕飞

2017年的教师节,我提前一天收到了从教30年来的一份大礼——衡阳市优秀教师的荣誉证书。此刻,这张证书静静地躺在我的抽屉里,我细细打量它,名字是娟秀的字体书写的,典雅端庄;"衡阳市优秀教师"几个字则是用宋体打印的,严肃大方。岁月无言,证书无声,但我的内心却波澜微泛,我何其有幸,从教在我热爱的这片沃土;我何其有幸,遇见了教学生涯中的船山人!如果我还有些高度的话,那也是因为我站在船山、船山人的肩上。

时光回溯到2001年秋季,我从一所中专学校应聘到了船山实验中学,作为半道出来的"闯入者",船山的"原住民"以温暖的怀抱接纳了我。我没有林黛玉进贾府的惶惑,倒是有刘姥姥进大观园的新奇感。校园里高大的香樟、苍翠的水杉、独具特色的文化长廊、高端大气的多媒体教室、充满青春活力的学生、亲切友善的领导和同事……无不让我产生宾至如归之感。

可还没等我的新鲜劲缓过来,挑战就来了,学校要选两个老师面向集团准备两堂多媒体公开课,我是其中一个。作为省级示范性高中的初中部,多媒体教室当然有(不过当时才建成不久),但用多媒体上课的人几乎没有,教室一般只是学校开会的时候用一用,还远没有"飞入寻常百姓家"。在来船山之前,我连多媒体教室长什么样都不知道,更别说做课件上课了。我辗转难眠。怎么办?退,可保既有声誉;进,或毁"一世英名",万般无奈之下,我找到了校长。

肖校长尽管笑意盈盈,但眼神笃定,说出的话更是无可辩驳:"这堂课就是你去上了,敢于第一个吃螃蟹的人才是勇士,当老师要与时俱进,政治老师更要善于接受新生事物……就算失败,也虽败犹荣。"有了"虽败犹荣"的鼓励,我的勇气也来了,连夜写好了课件的脚本。可是,新的问题接踵而至,课件我不会做呀!那时做课件可不像现在这么智能,幻灯片的模板要自己做,插入声音、视频要用专门的软件,就是输入一个命令还要把相应术语的英文单词打出来,困难可想而知……可既然赶鸭子上架了,少不得也要有模有样。别无选择之下,我只好临时抱佛脚,拜师学艺。那段时间,我每天吃过晚饭,就赶到我以前的同事——电脑老师家里突击学习,经常弄到凌晨一两点。功夫不负有心人,一个星期下来,我居然啃下了那块硬骨头,初步掌握了课件制作的技巧。

那一堂课,到现在我还记忆犹新。学生们端端正正地坐在多媒体教室中间,两边是听课的老师,大家都怀着新鲜与好奇。当舒缓的背景音乐响起,精致的PPT图片以旋转、滑翔、飞入等动画出现的时候,我的内心充满着自豪。45分钟,学生们神采飞扬,全程参与;老师们颔首微笑,意犹未尽。而我,则对船山多了一份敬意、一份了解:船山不是因循守旧的代名词,船山是开拓创新的领跑者。来船山,不能躺在以往的成绩上睡大觉,而应该有开疆拓土、从头再来的魄力。经过这一次磨炼,我的自信心更强了,也增强了克服困难的决心,在以后十多年的教书生涯里,无论大事小事,我再也没有退却过。到现在,我依然感谢船山这个平台,给了我锻炼自己、提升自己的机会。

船山还是个神奇的所在,让肤浅变得深刻,让苍白变得多彩,让平庸变得出色。

多元课程

新校区的大会议室里,200多位教职工济济一堂,大家兴奋地盯着宽大的多媒体屏幕,不时侧身交谈。坐在座位上,我除了兴奋,还有紧张和耐心的等待。终于,屏幕上有熟悉的文字跳出:

船山暖色的天空下

有一支朝气蓬勃的队伍

以昂扬的姿态

坚实的步履

孜孜不倦耕耘在

新课改的沃土上

为求知的双眼

点燃希望的火炬

伴随着文字,政治教研组老师的生活照或优雅地旋转、或缓慢地飞入、或淡淡地溶解,最终定格在偌大的屏幕上。

巧妙的设计、精致的图片、优美的解说、声色俱佳的展示,让与会者赞不绝口。

诗意盎然的结束语更是打动了不少人:

如果把教学比喻成一首诗

教师严谨的讲解是平实的叙事诗

学生的合作探究就是灵动的散文诗

而成功之后的喜悦则是优美的抒情诗

……

我们一定能为学生打造一片诗意的天空

一个诗意的人生

视频播完,掌声响起。那一刻,我的眼里泛起了泪光。

这是学校举办的众多活动当中的一次,每一个教研组为新课改制作一个宣传片。作为教研组组长,我理所当然地成了"编剧"加"导演"。从孕育到诞生,两个星期的采、编、写,其中的艰辛不言而喻,当把一等奖的荣誉证书捧在手里的时候,我百感交集。没有船山文化的涵养,就没有政治组的一等奖;没有政治组老师的团结合作,也没有政治组的一等奖。

有学生说:"别的人是有知识,颜老师是有文化。"这话对我个人来说,当然是言过其实。但对于船山来说,绝对恰如其分。别的学校可能是知识的殿堂,而船山则是文化的天堂。知识是一种经验、一种技能,只要你愿意,肯付出,总会有所收获。从某种意义上说,知识带着功利性。文化就不一样了,它是一种修养、一种气度、一种融入骨髓的气质,它体现在你的一言一行之中、举手投足之间,它的外在表现形式就是知书达理、优雅斯文。

船山就是一所优雅的学校,它优美的校园环境、浓郁的文化氛围,让你不自觉地成为一名"文化人"。它花开四季、四季花开,春桃夏榴、秋桂冬梅,鸟鸣晴日、雾笼烟雨,两眼碧水、灵动有致,花园式的布局养眼又怡情。山清水秀育俊才,人杰地灵、钟灵毓秀就是它最好的注脚。每天穿行在如此优雅的环境中,习恶之气自然归于无形。更何况,还有每年书画展览、歌手大赛、文艺汇演、诗词大会等众多文化艺术活动的浸润,怎能不让人变得"有文化"呢?

一所好的学校不仅让人成才,更让人成长,从学识到心灵的成长。

正是因为有船山文化的熏陶,才让一个教书匠变成了学生眼里的"文化人",才有笔下"寒意渐消春意酣,茶才开花,桃又开花,姹紫嫣红竞芳华。多情最是池边柳,风来依依,雨去依依,柔枝新绿报谁知"这样对校园"春风十里不如你"的欣赏;才有课堂上"幸福是在阳光明媚的午后,捧着一本自己喜欢的书,让风从身上吹过,文字从眼前滑过。幸福是繁星满天的夜晚,坐在蒸水河边,看草丛中萤火虫飞舞,看高楼上霓虹灯闪烁……"的诗意;才有对学生"春来冬去,寒窗几度。梦里飞花无重数。莫道求学路漫漫,少年风鹏正当举"的鼓励。

说到学生,我忽然想起了一直珍藏的那条项链,月白风清的晚上,想起它,我浑身就充满了力量。2014年寒假,我做了甲

多元课程

状腺瘤切除手术。春暖花开，厚重的衣服一件件脱下，我露出了脖子上蚯蚓一样暗红色的疤痕。学生们讶异于我脖子上的变化，下了课，嘘寒问暖，我感动莫名。一天，我像往常一样翻开作业本，一张小纸条露了出来："颜老师，您脖子上的伤疤还疼吗？您一定要多休息，注意身体。我买了一条项链放在您的抽屉里，您戴上它，那条伤疤就看不到了，我们都希望看到美美的你。"看完纸条，我的眼泪无声地滑落。平时非常内敛的一个孩子，成绩不那么优秀的一个孩子，不被重点关注的孩子，却有这么细腻善良的心！那一刻，我不仅是感动，更有震撼。再看那条项链，由金属质地的薄片组成，泛着黑色的幽光，从中心向两端由大到小扇形排列，我戴上它，刚好遮住了那刺眼的疤痕。其实，那条项链遮住的岂止是疤痕，项链发出的幽光更照出了我们内心的渺小、成人的世故和教育的功利。尽管我不是一个势利的人，也不是"唯分数论"的老师，但是在某些时候，面对一些所谓的"差生"，我还是会失去耐心和爱心。这么多年下来，是孩子们用爱教会了我良善、用宽容教会了我不计较……想起办公桌上偶尔出现的润喉片、冰糖梨子水、护颈，我的心里除了温暖，还有自省。这些礼物我甚至不知道是谁送的，但是每一样都无声地告诉我：爱，才是教育的真谛。

我是老师，毋庸置疑，我教给了孩子们知识，但孩子们教会了我知识以外的许多许多……

诗人艾青在《我爱这土地》中写道：为什么我的眼里常含着泪水？因为我对这土地爱得深沉……

对于船山，我同样爱得深沉。

因为船山人的进取，让我懂得了"道虽迩，不行不至；事虽小，不为不成"的真谛；船山的文化氛围，让我有了"铅华销尽见天真"的温婉；孩子们的贴心，让我明白了"爱就是充实了的生命"的至理。

一直在想，有一天，我终将告别讲台；一直害怕，有一天，我终会离开船山，但我希望，那一天真正到来的时候，我可以一边流着眼泪,一边微笑着说再见。

追逐梦想的我 默默陪伴的你

刘仁德

我追梦的每一个脚步,都有你陪伴我走过。

——题记

"学生的健康成长与未来发展高于一切"是你的理念,"努力,创造奇迹"是你的目标。你的每一缕阳光,都让爱与温暖弥漫校园;你的每一丝微风,都让激情与活力充满课堂;你的每一份坚守,都让感恩与责任铭记心中。知识,在这里飞扬;个性,在这里发展;梦想,从这里起航。梦想的起点,是你,你的名字就是船山实验中学。

于阳光中成长,感悟爱与温暖

每当阳光洒下一片金黄,我总能在阳光中感受到你的爱与温暖。刚到学校不久,因为环境十分陌生,我没有一个朋友。每天,我的生活总是笼罩着一层孤独的灰色,看到别的同学走在一起开心地学习,我的内心总是无比渴望,可内心的胆怯却让我一步一步地远离他们。屋漏偏逢连夜雨,有一次我的饭卡丢了,我像热锅上的蚂蚁一样急得不得了。当同学们兴高采烈地去食堂时,我却只能望着他们的背影,无奈地回到座位上。窗外天阴沉沉的,我的心也无比阴沉。突然,一位同学走到我身边,问道:"你怎么了,是饭卡丢了吗?我的借给你吧。"此时我的心里好像有一股暖流在涌动,眼眶也慢慢湿润了。我又望了望窗外,太阳从黑压压的云层中钻出来,阳光洒下一片金黄,更给我的生命渡上了灿烂的色彩。我不再孤单,因为我想:在船山实验中学里,每一位同学都于阳光中成长,感悟着校园生活的爱与温暖。

于微风中奔跑,感受激情与活力

每当微风拂过我的笑脸,我总能从微风中感受到你的激情与活力。记得开学第一节体育课,同学们都很兴奋,想要用汗水去挥洒青春的活力。可我的身体并不像他们那样像一棵大树，我的速度也不像他们那样如风一样迅速。相比他们，我柔弱得像一根草，被微风一吹便弯了腰。因此，我害怕自己会追不上他们，而远远地落在最后。可当哨声响起，我又不得不向前奔跑。果然，我开始慢慢地落后了，这时，一位同样的同学对我说："尽管我们没有他们那样迅速，但无论如何，总能达到成功的终点，而我们只顾着风雨兼程就行了。"我突然想起了汪国真的一句话："我不去想是否能成功，既然选择了远方，便只顾风雨兼程。"

于是，我又开始了奔跑。微风轻轻拂过我的脸，更拂过我的心灵。我不再退缩，因为我想：在船山实验中学里，每一位同学都于微风中奔跑，感受着青春序曲的激情与活力。

于坚守中追寻，体会感恩与责任

每当月光照射出梦想的光辉，我总能从月光中体会到你的坚守与追寻。晚自习的时候，教室里总是一片安静的景象，每一位学生都在忙碌地为自己的梦想铺设道路。有时，我会为自己的梦想感到迷茫：我们这么辛苦地学习到底是为了什么而奋斗？我们又是为了什么而坚守，为了什么而追寻？我想，我们每个人的内心都有着答案。我看见了同学们眼中对知识的渴望、对梦想的执着，还有对责任的理解。没错，我们来到这不是为了应付老师和家长，而是为了对自己负责。每个人不都应对自己负责吗？每个人不都应感恩这个世界吗？月光柔和地倾泻下来，照出梦想的光辉。我不再彷徨，因为我想：在船山实验中学里，每一位同学都在坚守中追寻，体会着人生道路上的感恩与责任。

追逐梦想的我，默默陪伴的你。船山实验中学，在这，我们于阳光中成长，感悟爱与温暖；在这，我们于微风中奔跑，感受激情与活力；在这，我们于坚守中追寻，体会感恩与责任。知识，在这里飞扬，个性，在这里发展，梦想，从这里起航！我相信，我们追梦的脚步，定有你陪伴，我们定能"长风破浪会有时，直挂云帆济沧海"！

我和船山的故事

赵恬艺

待良辰吉日,知船山学子,金榜题名,骄傲犹生大江来。

——题记

时光如同白驹过隙,眨眼间,我已经成为一名初三毕业班的学生。看着初一、初二的学弟学妹们脸上荡漾着同我们曾经一般的纯真、灿烂的笑容,我不由得感叹时光易逝,因为待在船山的每一天,都无比快乐与充实！

初遇船山

无法忘记那年金秋,初次踏入船山,还未退去的是夏天的炎热。我怀着无限憧憬和向往开始了这一段奇妙的旅程。崭新的环境,我渐渐地将迷茫变为坚定,将汗水化为笑容……我与船山彼此慢慢地变化着、感动着、充实着……

相伴船山

无法忘记那个三年相随、寒窗苦读的地方。春天柳枝上的一点点新绿,夏天池塘里的波光粼粼,秋天桂花的浓香扑鼻,冬天枝头上的银装素裹……不论何时,每个角落都在与美邂逅着,漫步校园永远都是一种最惬意的感受。一个个课堂的精彩瞬间,和蔼可亲的老师,团结友好的同学们,各种集体活动的开展,种种比赛的一决高下,同学们的欢呼声、掌声、笑声、加油的呐喊声……交织成了一篇篇美妙的乐章,同时也为精彩的船山生活增添了浓重的一笔。在笔尖划过的题海间,在迎风飘扬的国旗下,在挥汗如雨的操场上……我们都留下了足迹。伴随着船山的气息,我与船山彼此慢慢地靠近着、欣赏着、依偎着……

梦圆船山

如今已经是待在船山的最后一个学期了。回望过去,幸福中夹杂着眼泪,辛苦中夹杂着收获……中考的钟声即将在耳边敲响。黑板上的倒计时将从三位数变成两位数,再到一位数,最后，终有一天永远定格在零。今天的我们，已经没有机会再犹豫、懈怠了，唯有整装待发才能创造奇迹！此时此刻，我与船山相互鼓舞着、激励着、前进着……

在我心中，船山的莘莘学子永远前途无量，船山的老师永远最懂得谆谆教导，船山的声音永远最响亮、永远最值得听！

风雨同舟，这便是最美的邂逅！

满船清梦压星河

万姿妍

是夜，皓月当空，清辉满池。风轻声穿行，纵横在漆黑的夜里，湖水在其步伐中微泛涟漪，搅动水影中星巢若倾，揉碎了月缥缈的面容，像是跃动的碎金——万籁俱寂，归于无声，唯恐划破楼中呓语，唯恐扰了莘莘学子一夜清梦。

这里是船山，是梦开始的地方。

一日之计在于晨。

当初生的露水裹携着新日尚稚嫩的光辉奔向大地的怀抱，当初醒的雏鹰衔着残月的余影跃过百尺的老松，教学楼的灯光惊扰了尚在梦中的流云。船山学子背负着新一天的希望，踏上了学习的漫漫征途。

"舜发于畎亩之中，傅说举于版筑之间……故天将降大任于斯人也，必先苦其心志，劳其筋骨……"琅琅的读书声是船山校园里最悦耳的乐章。穿着干净清爽的校服、梳着马尾或留着短发的学生，意气风发，口诵圣哲之语，耳闻墨客篇章。

课本是那么薄，张张纸页如蝉翼般在往返的风中颤动。

课本又是那么厚，承载着古今骚客的颠沛造次，凝聚着华夏民族的傲骨铮铮。

春蚕到死丝方尽。

又一个大课间，学生们的笑声恣意流淌在校园里的每一个角落，惹得清风徐来，桃李盛开。而办公室里的老师们仍在埋头写教案、批作业。

教书育人是他们的职责,学生发展是他们的牵挂。

他们也曾是无忧无虑的怒马鲜衣少年,却将青春付与三尺讲台,韶华不再。银丝或许会在岁月的偷换中悄然爬上他们的鬓角,时光或许会在无声中斑驳他们的脸颊,同时,他们一次次地用期盼的眼神送走一批批远走的孩子,千言万语,到头来只汇成一句:"常回母校看看。"

恍惚间,好似瞥见某个六月,我们各奔东西,挥手告别。而他们强颜欢笑,留在原点。仿佛一场绵绵春雨,落尽秋黄与冬年。

日升月落,光影交叠。船山的一撇一捺都在山河默立间含笑不语,凝露的叶梢上蕴藏着新的芬芳与希望。一轮金日在微微润湿的空气里磅礴而出,簇拥万里云海,吐纳如怒松涛,于船山湖畔,投下诗与远方。

船山,我们的船山,她的故事还在继续,永不停歇。

山川岁月,请将她的芬芳酿入回忆的花雕美酒。斟一壶,饮得平生一醉。

醉梦里,书声依旧,言语不休。

除了主题实践活动,我校的常规实践活动也开展得有声有色。

每年的元旦晚会都展现出船山学子的风采,这背后有同学们的努力,也有老师们的付出。一台晚会不仅给大家带来快乐,同时也让同学们在表演中懂得了人生道理。

311班李星玥同学这样写道:"元旦晚会是船山很重要的活动之一,我和班上的四位同学非常荣幸地代表初三年级表演了2018年元旦晚会的一个节目——小品《戒手机,赞青春》。雪花飘飘,北风萧萧。我们加紧排练,即使每个人的手指脚趾已经冻得僵住了,我们也依然在坚持,为的就是把我们最好的一面展现在元旦晚会的舞台上。我觉得其实这不算什么。一个完美小品的呈现,并不是只有我们的努力,还要感谢班主任的支持、刘书记的教导、专业老师的帮助和校长的鼓励。一定有很多人想问我,节目中摔的手机是不是真的,我的回答是'是真的'。我们真的很希望所有船山学子都能戒掉手机,好好学习,天天向上,为船山争光。"

此外，每年的秋季运动会也在孩子们心中留下珍贵的记忆。369班周慷宇同学这样写道："虽然是校运会，但我觉得这场运动会有奥运会的感觉。今天的阳光洒在船山这儿，和奥运会的圣火燃烧是一样的。我们在几百米跑道上，展现我们的青春。"

教育的过程首先是一个精神成长过程，然后才成为科学获知的一部分。三尺讲台连着世界，小小教室关乎天下。教师的胸怀有多大，孩子们的世界就会有多大。我希望当学生离开学校时，带走的不仅是知识，更重要的是对理想的追求，希望所有教育者不光关注孩子今天走得快不快，还关注孩子明天走得远不远。

社团——船山的一张名片

还记得很多年前的一天,我坐在办公室里,欣赏着墙上的一幅书法题字"好风凭借力,送我上青云",不禁感慨:"好字。"这是一位书法界的朋友赠与我的。这位朋友国学功底深厚,一手字行云流水,思维开阔,谈吐非凡。我想,如果学生能成为这样的人该多好啊!就在此时,一位刚入学的初一学生敲开了我的办公室,只见他满脸通红,怯生生地说:"校长,我写了一首诗,想请您看看可不可以发表。"这是一首精致的小诗:"大树,是深绿色的夜空。粉色的星星,蝴蝶般流连。"我赞叹着,同时思索着……

墙上的字赫然映入眼帘,我要凭借好风,送学生上青云。我想到了成立社团,它就是一股好风。面对浮泛着功利和急躁的现实之河,教育者只有时刻保持一种看得更远的目光,学生才能在你的视线中飞得更高。我们要让学生有展示自己的平台,也要培养他们深厚的文化底蕴,还要让他们的思维更加开阔。于是,船山文学社来了……

一、太阳,从这里升起

船山,是民族的精神高地,也是东方的思想宝库,还是人杰地灵的衡阳的骄傲。我校能以船山命名更是一种荣耀。为了弘扬船山文化,升华船山精神,展示船山风采,当好船山传人,1998年一个生机勃勃的夏日里,神采奕奕的船山文学社阔步走来了。这个有着悠久历史和浓厚人文背景的学生社团是我校广大文学爱好者的神圣阵地,也是全体船山人共有的心灵家园。

（一）成果引领——半亩方塘一鉴开

船山文学社是全校性的学生文学社团，正式成立于1998年，其前身是衡阳市第一中学船山文学社初中分社。社团名为"船山"，一是为了纪念明清之际衡阳籍哲学家、思想家、文学家王船山，二是希望大家继承和发扬船山先生"诗道性情""以意为主"的美学观点，实践和发展船山先生"推故致新""别开生面"的写作原则。

文学社以"培养兴趣，陶冶灵性，激发创意，完善表达"为宗旨，以"培养广大在校学生的文学兴趣，提高学生的文学创作水平，繁荣校园文化，传播健康的文学思想"为己任，是文学爱好者展现文学才华，挥写五彩生活的精彩舞台；是文学入门者交流和学习的自由园地；是在校学生学习写作、提高文学修养的第二课堂；是繁荣校园文化、传播健康思想、实现"文化强校"的重要基地。

船山文学社成立20多年来，教师们的期许成了它的阳光，学子们的热爱成了它的氧气，一位又一位走进这片土地的社团总编、诗人、教授……的智慧成了它的雨露。我们已经无法统计这些年因它而迈入文学之门的学子的具体人数，他们借它展现文学才华，挥写五彩生活。《衡阳日报》《衡阳晚报》曾多次报道我校文学社的工作，衡阳市委宣传部还组织我校文学社"小记者"参观学习，夸赞我校文学社在培养写作苗子上的成绩。在《语文报》社组织的历届"语文报杯"征文大赛、中国小说协会组织的历届"中国少年作家杯"征文大赛、湖南省写作协会组织的历届中学生作文大赛、衡阳市教科所组织的历届"个性作文"大赛等中，我校文学社的社员们均取得不俗成绩，获得各级各类奖项。一批又一批社员在船山文学社汲取文学营养，培养写作能力，历练思想和意志，走向了更远更大的人生舞台。

（二）组织健全——天光云影共徘徊

　　船山文学社现有成员686人，其中社员486人，特聘衡阳市作家协会主席陈群洲先生担任本社顾问。船山文学社以民主原则建立管理机构，实行民主管理。其组织分为指导委员会、常务理事会和基层文学小组。指导委员会设名誉顾问5~8名、名誉社长1名、指导老师8名；常务理事会设立社长1名、副社长2名，下设创作编辑部和组织策划部，两部各设部长1名、副部长2名；基层文学小组设在各班，由各班语文课代表担任小组长，另设戏曲小组、话剧小组、新闻小组、语言艺术小组、书法艺术小组，组长由常务理事会推荐产生。

船山文学社重视可持续发展，拥有独立的办公室、会议室、活动室，建立了完整的社员管理档案，拥有社员资料库，发放社员证和社员手册，基本建立了资料保留体系、老社员捐助体系、名誉社员奖励体系和财务管理体系。

(三)活动丰富——为有源头活水来

船山文学社活动丰富多彩，主要有"请进来"和"走出去"两种。

1."请进来"，是指请著名的作家、学者来我校做讲座或开展特色活动。到目前为止，我校文学社共组织了十余次文学专题讲座。例如：

1998年文学社成立之初，邀请衡阳市教育局副局长、衡阳市作家协会理事李昂先生来我校指导工作并发表演讲。

2004年，特约《语文报》社长兼总编辑蔡智敏先生来我校指导文学社刊编辑工作，并召开文学专题座谈会。

2005年，先后邀请衡阳市人事局局长、作家郭林春先生，衡阳市作家协会副主席、诗人聂沛先生来我校做讲座。此外，还邀请文学社顾问衡阳师范学院刘兴教授、朱维德教授、刘诗伟副教授、彭志耘副教授来我校指导和做讲座。

2006年，邀请市级优秀教师丁芳老师做题为《李清照的生平及诗词欣赏》的专题讲座，学生们被"文坛才女"李清照的事迹和诗词深深打动，也被"教坛新秀"丁芳老师富有感情的精彩演绎所感染，受到了一次深刻的艺术熏陶。

2008年，邀请衡阳师范学院周卫红副教授、青年诗人李镇东来我校

多元课程

做讲座。

2011年5月11日,邀请衡阳市作家协会主席陈群洲先生来我校讲学。陈群洲先生就如何提高学生的写作兴趣和写作水平做了详细指导,并深情讲述了自己的人生经历和文学创作的真实感受,现场掌声不断、高潮迭起。

2011年5月30日,为了让船山学子了解中国书法艺术、认识中华文化中这块绚丽的瑰宝,我校特邀请衡阳师范学院教授、著名书法家席志强先生来我校做书法讲座。席教授详细介绍了中国书法的基本知识和具体书写技巧,并现场进行了书法演示。

我们本着提高学生写作能力与口才的理念,针对学生的学习需要,开展一系列富有文学韵味的特色活动,如船山内部辩论赛、写作比赛、创作心得交流活动等,并定期举办征文活动,切合学校工作热点,旨在提高学生的写作能力等。

这些讲座和活动极大地丰富了学生的心灵,扩展了学生的视野,进一步提高了船山实验中学的文学氛围,从而真正提高了学生的语文学习兴趣。

2.“走出去”,主要分为两种,一种是小记者俱乐部活动,还有一种便是文学采风活动。

(1)小记者俱乐部活动。

2008年5月,在“5·12”汶川大地震无情地袭来时,我校小记者纷纷走上街头,义卖《衡阳晚报》为地震灾民募捐。此次活动得到了市民的热情支持。

2009年3月,我校小记者参加了“保护湘江,爱我母亲河”活动。小记者们来到湘江岸边,捡拾岸边的垃圾,为保护湘江贡献一份自己的力量。

2010年3月30日,衡阳晚报资深记者姚永军、颜全球、蔡凯、王敦国到我校讲学,指导我校学生写作。学生们踊跃参加,现场气氛热烈。我校小记者同他们展开了热烈的讨论和交流。

2011年4月5日,我校小记者参加了衡阳晚报主办的“清明祭先烈”活动。在衡阳市烈士陵园,大家为先烈们献上了亲手编制的花束,寄托哀思。

2011年10月30日，我校小记者代表参观了衡阳市中医院，了解中医文化，感悟传统文化的魅力。几位小记者现场体验了炮制药材、推拿针灸等，受益匪浅。

（2）文学采风活动。

我校文学社先后组织过湖湘文化行；走进凤凰；崀山寻梦；探访张家界；相约井冈山，走进红色岁月等活动。透过一次次文学采风活动，学生真切感受到中华文化的博大精深。

①湖湘文化行。

2010年5月30日、31日，风和日丽，我校文学社100多名社员奔赴韶山、花明楼、长沙进行文学采风活动，参观了毛泽东故居、岳麓山、岳阳楼、巴陵广场、张谷英村等著名景点。

船山文学社湖湘文化行

缅怀革命先烈、领略岳麓风情、感受湖湘文化气息，是我们此次采风活动的目的。

在此次采风活动中,同学们热情高涨,全身心投入。在伟人故里韶山、花明楼,同学们一边聆听导游的讲解,一边用笔记录伟人成长的点滴故事;在长沙的大学城,同学们一边观赏大学校园的美丽风景,一边感受大学校园特有的学习氛围,并纷纷表示"进入大学深造是我们不变的梦想和追求";在千年学府岳麓书院,"惟楚有材,于斯为盛"的浓厚湖湘文化气息,更激起了同学们立志广采博闻的读书热情;掩映于青山绿水中的爱晚亭虽未让同学们感受到"停车坐爱枫林晚,霜叶红于二月花"的意境,却也让他们流连忘返。一路走来,他们心潮翻滚,志如飞鸿。152班凌卓同学就在千年学府岳麓书院前发出了如下感慨:

如诗岳麓

古朴的门槛,静静地立在墨香中,若智者在沉思。

岳麓,这杯沉淀了文学精华的醇酒,以自己独有的清冽描绘出一幅幅求学图画:是周元公感叹的"惟楚有材"吗? 是元晦与学生们吟诗作画吗? 是毛泽东同志挥笔写下那遒劲的大字"爱晚亭"吗?

在花香淡淡的泉边,谁没想过向青天泼釉? 在温暖黄晕的灯光下,阅一卷古书,谁没想过千古流芳?

这是因为——

书香里有金戈铁马,书香里有惊涛骇浪;

书香里有花开花落,书香里有云卷云舒;

书香里有悲欢离合,书香里有阴晴圆缺……

而经历了风雨的洗礼,流传下来的岳麓,不正如饱含内涵的文学大师,为莘莘学子撑起遮阴的大伞吗?

爱晚亭边雨滴落下,在叶片上被粉碎。几千年前的玄鹤啊,正是从这里扶摇直上,在属于自己的天空朝朝长鸣。

从震撼中惊悟过来,身旁的景色依旧静谧如画,阳光细碎地从叶缝间洒下,闪出碎金般的光芒。

莺歌燕舞,韶光有几? 而这如诗般岳麓携着书香,也如泉水一般淌进每一个学子已沉醉的心中……

湖湘文化行有力推动了我校"经典诵读"工程,让船山实验中学这所久负盛名的学校有了更为深厚的文化积淀,让船山学子有了更为广博的文学内涵。

②走进凤凰。

2011 年 4 月 15 日,船山文学社组织 200 多名社员赶赴湘西进行了为期三天的文学采风活动。此次活动社员收获颇丰。

曾琬晴同学在返回的大巴车上动情地说:"凤凰之美,美在她的小桥、流水、人家;凤凰之美,美在她那被历史冲刷过的青石板小路上的斑斑印记;凤凰之美,美在她那神奇美丽的传说。"

凌卓同学写道:"夜色渐渐暗了,灯火渐熄,歌声停了下来,沱江刚刚的神情转为童年般的天真安静……"

蔡雨蓁同学感慨道:"小舟渐行渐远,远方的人和物渐渐合成了一幅美丽的江南风景画,带着一丝丝朴实、一点点远离尘世的迷离之美。真是'你在桥上看风景,看风景的人在楼上看你'!"

……

湘西凤凰之行,让船山学子真正感受到了湘西魅力,极大地激发了他们的创作热情,同时也使得他们在文学道路上有了更高远的目标。

③崀山寻梦。

2011 年 10 月 15 日,船山文学社组织部分社员奔赴世界自然遗产丹霞瑰宝之地——崀山进行了为期两天的文学采风活动。

"山之良也,谓之崀山",这典型的丹霞奇景让师生们叹为观止。八角寨之高,蜡烛峰之峭,天一巷之长,给大家留下了深刻印象。登上山之顶峰,伴着钟磬余音,俯览众山,大家感受到了"会当凌绝顶,一览众山小"的豪情壮志。"无限风光在险峰",站在观景台上,感受这集千年日月之灵气,沉淀千年岁月之古雅的山之神韵,不失为一次意外的收获,大家最初那惧怕山高水长的心情顿时随风消散。

这一路登高探险,师生携手同行;这一切艰难险阻,都成为过眼浮云。同学们凭着一颗怀揣梦想的心战胜了旅途中的种种困难,放飞希望,追逐梦想!

多元课程

④探访张家界。

人间仙境张家界，三千奇峰拔地而起，八百溪流蜿蜒纵横，林海莽莽，山花烂漫，景色奇、秀、险，被誉为"中国山水画的原本"。2013年10月19日至20日，船山文学社68名文学爱好者尽情在武陵源峰林这原始意味最浓的迷宫中穿行，感受大自然亿万年的创造。

秋天的张家界色彩缤纷，满山的红叶和黄叶，层林尽染。220班曹紫薇惊叹道："真没想到张家界的山如此有个性，一根一根的直冲蓝天，山谷之间流淌着涓涓秀水，实在太美了。"229班贺淇同学写道："渐渐地，天子阁那高大的身影隐约现出，直到我们走近，整个天子阁才出现在眼前。我们欢呼一声，兴奋地爬到了天子阁的最高层，到达了这次爬山的终点。站在天子阁上，看奇特的峰，万石峥嵘；再看秀美的林，郁郁葱葱。这时，我体会到了'不到张家界，焉知天下奇'的感触。"246班王雅蕾同学说："张家界峰林圆了我的梦，那里的风景绝美，空气清新，让人陶醉。"

我相信此次文学社的张家界寻梦之旅，会吸引更多的学生前来张家界旅行，尽享峰林的神韵之美。

⑤相约井冈山，走进红色岁月。

为继承和发扬伟大的井冈山精神，2014年11月1日清晨，伴着蒙蒙细雨，船山文学社百余名文学爱好者走进中国革命的摇篮——江西井冈山。同学们在这里了解历史，思考当下，展望未来，并有了不少感悟和收获。

在井冈山革命烈士陵园，同学们不禁被中国革命历史上的光辉斗争岁月深深触动，并向为中国革命事业牺牲而长眠于此的烈士们敬献了花圈。在井冈山革命博物馆，大家详细了解了井冈山革命斗争的历史，并对井冈山精神有了更加深刻的认识和理解。在毛泽东同志茨坪旧居、黄洋界哨口、小井中国红军第四军医院旧址、小井红军烈士墓等地，同学们仿佛穿越历史的烟云，置身于当年一段段动人的故事中。

两天时间里，每一位同学无不受到了心灵的洗礼。有同学说："漫步在井冈山的山道，每一座山峰都是一部英雄史诗。"还有同学说："先辈们那种坚韧不拔的精神是我们学习的动力源泉。"

⑥畅游秀美庐山,领略诗意画卷。

2015年10月23日至25日,船山文学社百余名文学爱好者到庐山开展了为期三天的文学采风活动。庐山景区巍峨挺拔的青峰秀峦、瞬息万变的云海奇观,令人叹为观止,啧啧称奇。

同学们徜徉于山间小道,景区内处处是秀美的山峰,时时能见到瀑布泉水,更能触摸到参天古树,听得到鸟语,闻得到花香,更能随时闲坐在点缀于山间各处的亭台楼榭中,欣赏着满山天赐的风景。当然,最动人心弦的,还是遍布山体间的文化气息。

同学们先后参观了花径、白居易草堂、锦绣谷、仙人洞、含鄱口、三叠泉、庐山会议旧址、美庐别墅等景点,纷纷表示庐山可歌可写的风景实在太多了,这次采风活动不仅开阔了视野,而且磨炼了意志。

⑦相约天下名楼——黄鹤楼。

2016年4月15日至17日,船山文学社百余名文学爱好者到武汉开展了为期三天的文学采风活动。在磨山,同学们重新找回了失去的那份童真与快乐;在东湖,看到万顷碧波,他们内心少了些许浮躁与浮华,多了一份坦荡与宁静;在武汉大学,古朴的建筑、浓密的道旁树、美丽的樱园,激发了他们立志报考一流大学的强烈欲望;在黄鹤楼,崔颢的"日暮乡关何处是,烟波江上使人愁"勾起了他们的思乡之情。

乘坐在列车上,毛韵舟同学说:"黄鹤楼真是宏伟,古代先哲们给我们留下了宝贵财富,我们一定好好珍惜。"黄玥同学说:"此次采风虽然旅途很辛苦,但是很充实,收获了满满的友谊。"田雨凡同学说:"时间过得真是太快了,很期待下次的出发。"

……

文学之海浩渺无边,通过"走出去"文学采风活动,同学们的视野得以开阔,知识得以增长,创作灵感得以激发,他们都不由得感慨"连呼吸的都是历史和文化的气息"。

(四)雏鹰展翅,船山人起飞

学校创办的校刊《船山文学》已有20年的历史。早在船山实验中学办学之初,学校就提出了办校刊的设想。为了便于学校文化教育宣传交流等工作的进一步开展,及时展现学校办学成果,船山实验中学于2011年6月发行了创刊号。

继承传统的同时,我们也关注当下,开创未来。我们要让船山人能够真正体现百年老校厚重的文化沉淀,再现历史辉煌。

长风破浪会有时,直挂云帆济沧海。在船山实验中学这片年轻却春意盎然的热土上,尽管我们的船帆还很娇嫩,甚至羞涩,但是因为有着热情自信的老师,有着执着勤奋的学生,我们坚信,在阳光和雨露的呵护下,总有一天,她会扬起帆,拿好指南针,飞越衡岳大地,迈向更高更阔的天空,成为一道亮丽的风景线!

我们的脚步没有停下,经过学校领导班子的反复研究,2016年,我校正式招收第一批小升初书法特长生。目前,我校是衡阳市唯一一所招收书法特长生的初中学校。随着书法特长生的招入,船山书法社也向学生走来……

二、正是笔染墨香时

写好中国字,做好中国人,把我们的传统文化发扬光大。我的体悟是:写好中国字是义务教育阶段必不可少的重要环节,必须把它纳入学校的发展规划中并落实到具体的教育教学中。我们把书法课落实到每一个年级,每周二下午还有书法选修课,一系列书法活动也在此起彼伏地进行,整个校园充满着墨香。

敢于做出这先人一步的决定,我们是有底气的。

首先,我校学生的基础非常好。每学年下学期举行的船山艺术节都会进行一次书法比赛,赛后都会举办学生作品展。当我欣赏着学生的书法作品时,不由得惊讶,不少学生的字写得如此之好,可能让很多成年人都自叹不如。船山学生的文化课成绩好,这是很多衡阳人都知道的,而船山学生的综合素质也非常高,这也是很多社会人士的共识。

2019年书法特长生报名的时候,20多人当中已经有4名学生通过了推优生的面试提前被我校录取了,由此可见,书法生的综合素质是非常不错的。之后我又了解到书法特长生的毕业情况。我校有8名学生参加了衡阳市第一中学(一中)的书法特长生考试且全部通过专业测试,另外还有一名学生已经通过了直升生的测试,提前被一中录取。要知道,直升生可是我校学生中的佼佼者,一中全校一共才30个。

其次,我们成立了船山书法社,由我校何辉老师带队。何老师不仅在书法上造诣很高,而且在其他方面也颇有建树。一个好的社团,需要一个好的领路人,何老师个性化的教学深受学生喜爱,来看看学生是如何评价他的吧。

奇怪的何老师

何老师和很多老师不一样。

在小学的时候,我的书法老师上课时都是板着脸的,脸上难得露出一丝笑容,课堂上不允许学生交谈。大家都认真地写字,非常安静。而在何老师的书法课上,课堂就不那么拘谨了。虽然何老师也时常提醒大家保持安静,但过不了多久他自己就先聊起来了。当然,他聊的都是与学习、努力有关的事。

他经常拿自己举例子,说他当年怎么怎么样,说得是眉飞色舞、不着边际,大家听了都觉得他在吹牛。但时间一久,大家才渐渐发觉他说的很多都是真的。于是一堂课上有三分之一的时间大家都在聊天。刚开始我还有点不习惯,到后来也加入了这聊天大军之中。当然,何老师有他自己的理论。他说,他上课不喜欢课堂上大家像一潭死水一样,他希望大家快快乐乐地学习,轻轻松松地学习。他认为,这样才效率更高,效果更好。他说:"我们来学书法,不是来受罪的,而是来陶冶情操、提升自我能力的。"

还有一点,何老师不怎么喜欢给学生做示范。我之前的老师都是非常认真地手把手教我们,一旦我们遇到问题,老师必定会坐下来,首先自己写一遍,然后详细讲解这个字要怎么写,要注意哪些问题。而到了何老师这里就不一样了。他先是走过来看一下,除非写得太差了,他才会坐下来,叹息一声:

多元课程

"唉，你这字写得很猥琐（萎缩）啊！给你看一看什么叫潇洒地写字。"而一般情况下，即使你要他做示范，他也不会坐下来写，而是说："我告诉你原因，告诉你方法，你自己要动脑筋想。实在不知道这个笔画怎么写，就到字帖里面去找，找类似的或相同的笔画。我直接给你写，你依葫芦画瓢，可能画得不错，但过不了多久你就会忘了。多花一点时间自己去理解和思考，这样你会记得更牢。"刚开始这让我很不习惯。但渐渐地，时间久了，也就习惯了，一些成效也慢慢地体现出来了。比如之前写作品，都是老师写好了，我们对照着写一遍，而现在我能不需要老师示范，自己独立完成一幅属于我自己的书法作品了。

何老师还有一点很特别，就是在特长生培训课上反复跟我们说，一定要努力把文化课学好，不要做一个只会写字而没有文化的人。学好文化课这一点大家都心中有数，但像何老师这么重视文化课的书法老师却很少。我之前的书法老师几乎从来不问我们文化课成绩怎么样，只专心教我们怎么练书法。不像何老师这样，不但经常提醒，而且还给成绩退步的学生做思想工作，反复表扬学习进步的学生。他说："我对学生的要求是，专业生不能不重视文化课的学习，普通学生也要注重综合素质的培养。"他经常对我们说："古代的文学家几乎没有写不好字的，而且绝大部分都写得很好。历史上有名的书法家，绝大部分同时也是个文学家。"

当然，何老师还有一个优点，就是他懂的东西特别多，特长也特别多。上书法课时，如果课堂特别安静了一会儿，就会有同学说："老师，每日一歌呢？你不唱歌我都写不好字了。"这时候何老师就会笑嘻嘻地拿起一旁的吉他，忘我地一边弹一边唱起歌来，唱完之后还要问大家他唱得怎么样。他说他正在编写一本吉他弹唱方面的书，他弹唱的歌很多都是他自己编曲的，所以很希望听到大家的反馈信息。

何老师还是个疯狂的电影爱好者，他拍过不少微电影，但在课堂上他从不给我们看。他说："要看就去网上看。"他还说：

"如果谁想当演员,欢迎周末来参加我的微电影拍摄。"

何老师还喜欢打篮球,自认为投篮非常准。他有一个奇怪的理论——练书法能提高投篮的命中率。他说:"练书法是指尖的运动,能使投篮手感更柔和。"

其实何老师本是一个美术老师。有几个学生说要跟他学画画,何老师坚决地拒绝了。他说他现在要专心致志地把书法搞好,不但要带出一批优秀的书法专业的学生,还要不断提升自身的专业能力,把书法变成船山实验中学校园文化的一张闪亮的名片。

当然,说这话的时候他是有底气的。因为近年来我校学生只要参加全市中小学生书法比赛,获奖人数一定是最多的。何老师自己近两年也是获奖无数,但他说学无止境,还有更高的峰等着他去攀登。

我知道何老师说的不是假话。虽然表面上看他的工作量没有语文、数学、英语等老师的大,但其实他是一位非常努力的人,工作之余他几乎把所有时间都用在了各种知识的学习上。

我觉得我是幸运的。我在初中阶段还能学习书法,有这么努力的老师,有这么好的学习环境,有这么多优秀的同学,作为一个正在学习阶段学生的我,能不受益良多吗?

船山书法社有优秀的学生,又有优秀的老师,真是一笔宝贵的财富,作为校长的我怎能不自豪呢?我相信,在接下来的工作中,我们将继续发扬优势,把船山文化的名片——书法做成我们的品牌,闪耀雁城,走向全国!

我们在重视国学,培养传统文化方面人才的同时,也跟上时代的脚步,把眼光放在未来。21世纪中期,人类社会将全面进入以智能机器人为代表的智能时代。机器人教育集成了数学、物理、机械、电子、计算机、人工智能、多媒体技术、通信技术、网络技术等众多领域的科技知识,它相对于其他科技教育模式和传统教育模式有着不可比拟的优势,可以培养学生的动手能力、解决问题能力、创新素养等。基于此,机器人社团走进了校园……

三、创新引领未来

鉴于机器人教育的发展趋势，我校2011年以社团活动的形式，让机器人教育走进校园。从此，学校开设了机器人课程，并开展了多样化的机器人课外教学活动。机器人教育也成为我校特色教育项目之一。

（一）课程的实施

课程开设之初，全市仅有2所高中成立了机器人社团，而开设机器人课程的学校大多是以课外兴趣小组活动的形式实施课程，真正让课程走进课堂普及的较少。当时制约此课程实施的因素主要有两个，一是多数学校采用的是厂家提供的教材，没有一套成体系的、适合初中机器人教育的教材，知识和能力的培养不成体系；二是师资力量薄弱，基本上都是由信息技术教师兼任机器人教师，缺乏专业的指导。

在教师队伍方面，我们以培养自己的教师为主力，采用"走出去，引进来"的模式，力争把每位信息技术教师培养成专业的机器人教师。我校信息技术教师均为本科毕业，具备培养的条件。信息技术组制定了一系列行之有效的措施，一是派教师到机器人教育做得好的学校和机器人教育研究机构去学习，积极参加各级教育部门举办的交流会；二是聘请省、市专家和机器人厂家技术员到校对信息技术教师进行指导和培训，并开展讲座向学生普及科技知识；三是组织信息技术教师编写机器人校本教材，系统开发和设计机器人课程体系。

在上课形式方面，我校由最初的以社团活动形式开展慢慢转变成"社团活动+选修课"的形式，这样既保证了上课时间充足，也有利于覆盖范围的扩大，更有助于普及教育和精英教育双轮驱动的展开。

在教学环境方面，我校创建了标准的机器人教室，不定期配备相应的机器人器材，目前拥有五大系列的机器人教具，确保既能够满足普及教育的开展，也能让精英教育得到保证。

在招生政策上，我校为吸引更多优秀学生参与机器人的学习，特设立小升初机器人特长生的名额,每年都能招收一批机器人技能水平较高、出类拔萃的学生。

(二)课程的魅力

为了提高学生的创新能力、发扬科技强国精神,2011年,我校开设了机器人特色课程,以此来开阔学生的眼界。

某节机器人选修课上完后,我看到学生们一个个都舍不得离开教室,便找了几个学生了解情况,发现他们对机器人课都表现出了极大的兴趣,直呼希望一周能多两节机器人课。于是我走进机器人课堂,跟学生一起上了一节别开生面的机器人课。

课堂上,老师先拿出几个机器人模型,让学生自己观察。学生兴致勃勃地讨论着机器人的组成结构。接着老师又提问了几个学生,让他们大胆猜测机器人的用途。学生对此十分感兴趣,每个人都"脑洞大开",踊跃发言。老师则趁机讲解机器人的原理,学生认真地听着,并时不时提出不懂的地方让老师讲述。一节课下来,学生了解了很多科技知识。

机器人课程的开展,让学生接触到了高科技,勾起了他们对科技产物的兴趣。这种特色课程能让学生了解更多的课外知识,所以探索多种课堂模式是有必要的。

(三)获得的主要成绩

在学校强有力的措施下,学生的动手能力、解决问题能力、创新精神和创新能力得到了有效提升。我校在机器人课程实施后,曾多次承办机器人竞赛。我校学生在各级科技类竞赛和初升高专业特长生考核中取得了优异成绩。

我校是"湖南省机器人教育专业委员会团体会员""湖南省教育机器人能力水平测评考点""湖南省教育学会机器人教育研究专业委员会常务理事单位",2016、2017年先后举行了两次湖南省教育机器人能力水平测评。2017年3月31日,我校承办了第三届衡阳市青少年机器人竞赛;

多元课程

2019年5月12日,我校又承办了2019年衡阳市机器人竞赛。

从2011年至今,在教育部门举办的各类机器人竞赛中,我校获得市一等奖达200余人次,省一等奖100余人次、省二等奖80余人次、省三等奖50余人次。2017年,在第十五届中国青少年机器人竞赛中,我校刘雨洁和杨琨同学获得全国二等奖。2019年,我校两支队伍参加湖南省青少年机器人竞赛,分别以综合技能项目第一名、第二名的成绩获得一等奖,其中,第一名队伍将代表湖南省参加国赛。

我们常说,不满足是向上的车轮。我一直在反思我校科技发展的现状,希望我们在未来做得更好。我们要在人才和技术上下功夫,尤其是在现有的条件下,教育资金的投入是必需的,而且要加强复合型人才的培养。

长风破浪会有时,直挂云帆济沧海。学校自建立机器人教学基地后,积极创造条件,让师生有机会外出学习参观,努力提高自身素质与水平。对上级开展的各类比赛,我们积极参加,从不错过与兄弟学校交流的机会。一分耕耘,一分收获。我们的共同努力,取得了优异成绩,为学校的机器人特色教育铺下了坚实的道路。自从有了实验室,学生们就有了创造的舞台和发展的空间,思维的火花在这里绽开。一走进实验室,学生们就有了精神,一双双灵活的小手不停地扩展套件、学习实践。机器人教育真正把学生推向了科技发展的康庄大道。

一片树叶摇动无数片树叶,森林就飞翔;一个波浪拍打无数个波浪,大海就飞翔;一双翅膀唤醒无数双翅膀,天空就飞翔。社团就是这样的树叶、波浪、翅膀,我们将凭借社团这股好风,飞得更高更远。

主体德育

德育，心与心的接轨

我一直认为，这个世界是有心的。

你会在一朵幽幽花朵的微笑中看到它，它生动鲜艳，散发着生命的芳香；你会在墙角砖堆里的一棵草上读到它，它安静豁达，挣扎出绿色的活力；你会在田野上升起的一缕缕炊烟中迷恋上它，它像母亲的气息，用最纯净和温柔的缠绕赋予我们这世界的深情。这个世界有心，一棵树可以证明，一抹云可以证明，父辈粗糙的手掌可以证明，孩子清澈的眼睛可以证明。德育就是"有心"的教育。

如何将学生培养成一个"有心"的人，使他们在精神上伟大而充实，值得每一位教育者深思，其效力是永久的而非一时的。我想到了船山的"根"……

船山实验中学历史悠久，它的前身是船山书院。王船山先生是著名的思想家、哲学家，是湖湘文化的精神源头，与黄宗羲、顾炎武并称为明末清初的三大思想家。船山先生发扬了张载"为天地立心，为生民立命，为往圣继绝学，为万世开太平"的精神，务求实学。湖南士人无不受到船山先生经世哲学和实践的影响。故船山实验中学的德育也应该继承船山先生的思想，让船山精神成为船山德育之"根"。

一、船山德育之"根"

（一）深植爱国之情

船山先生忧国忧民的精神深深影响着湖湘人士，也深深影响着船山人。现阶段，实现中华民族伟大复兴的中国梦，是当代中国爱国主义的鲜明主题，它始终鼓励着青少年为祖国美好的明天而不懈奋斗。因此，我校在德育中,大力开展与爱国有关的各种活动,如利用重要时间节点组织专项爱国活动;组织校升旗仪仗队,通过培训和训练,每周一举行升旗仪式,对学生进行爱国主义熏陶,以求达到凝聚人心、凝聚力量,引领学生走向光明未来的目的。

(二)知与行,不相离

教育家杨昌济写道:"知则必行,不行则为徒知;言则必行,不行则为空言……"知行合一,行高于知,也是我校践行的理念。

知行合一,首先要从"知"入手。我校学生处根据《中学生日常行为规范》,编写了《船山实验中学学生规章制度汇编》,重点从养成教育、学习习惯、社会公德和文明礼貌等方面对学生进行教育,并把每学期的第一个月定为我校"习惯养成教育月"。学校通过校园广播、国旗下讲话等形式,对学生进行生活指导、文明习惯教育等;利用开学典礼与班会,组织学生认真学习《中学生日常行为规范》《船山实验中学学生规章制度汇编》,坚持开办"德育讲坛",对学生进行行为习惯养成教育。

知则必行。在校园内,我们坚持组织好"两操"(早操和课间操),在军训中对学生进行吃苦教育,磨炼学生意志,启迪学生心智。在校园外,我们充分利用王船山故居、罗荣桓故居、陆家新屋等11个挂牌德育基地,制订德育活动方案,带领学生走访国防教育基地、参观历史名人故居、瞻仰革命烈士纪念碑等,促进学生良好思想道德的形成。我们带领学生走上马路,开展交通文明劝导活动;走向革命烈士纪念碑,参加清明祭扫;走进光荣福利院,温暖弱势群体……

学校还开展了丰富多彩的主题活动,真实呈现拓展课程,落实"一二三四"活动德育工程,即组织好每年一次的"远足雨母山";打造两个活动月:"学雷锋活动月"和"读书活动月";办好三个节活动:告别六一儿童节、校园文化艺术节和体育节;举行四项比赛:校园十大歌手大赛、演讲比赛、主持人大赛和舞蹈大赛。此外,我们还根据学生实际需要成立20多个社团,如船山文学社、篮球社、机器人社团、书法社、健美操协会等,让每一个学生都能在社团文化中彰显个性,陶冶情操,让德育工作在潜移默化中形成好的效果。

> 如果有一天我不在你身边
> 请你向下看,我的孩子
> 繁茂的树根
> 会让你看见岁月
> 穿过树根往下探
> 你会看见船山的根

沉默的大地,孕育了所有生命,时光把绿肥红瘦、姹紫嫣红赠与她谦逊的胸怀。我们继承了船山精神并实践它,使它衍生出了更加丰富的内涵,比如心理教育,再比如阅读……

二、船山德育之"叶"

(一)心理教育——德育的必经之路

生命不会有真正的黑暗,你的世界黯淡,是因为你藏起了灯。

教育如雨,生命如花。让每一位学生充分发挥自己的潜能和个性,快乐地成长,是我校心理教育的宗旨。我们高度重视心理健康教育、生命教育,积极开展一系列心理健康教育活动,开发学生的心理潜能,提高人生质量,培养健全人格,促进其全面发展。2018年,我校获得"湖南省心理健康教育理事单位"称号,我校两位心理老师在湖南省心理健康优质课比赛中获得一等奖。其中,黄樊老师还是湖南省心理健康教育专家库成员和湖南省家庭教育宣讲团成员,这是身为船山实验中学校长的我引以为豪的事。

回顾我校心理健康教育工作的历程,我深知此项工作的不易。

我们坚持心理课以常规教学为基础,同时以多样化呈现。自2007年,我校就将心理健康教育课设为常规必修课程,初一、初二每周0.5课时,初三以团体辅导和讲座形式开展。其中,"青苹果女孩"女生辅导课以选修课形式在初一开展,每周两节;"中考,你好"以团体辅导和讲座形式在初三开展。每个班级每月开展一次"心理健康教育"主题班会(如自

主体德育

信、友谊、意志、考试、诚信、助人、网络心态与技巧、人际关系、学习习惯、积极暗示等）。主题班会以各班级自行组织为主，并由两位专职心理老师黄樊老师和左苏婕老师指导。初一年级侧重引导学生适应新的学习环境并形成良好的自我认识能力。初二年级侧重传授学生青春期的生理和心理常识，帮助他们适应自我的身心变化，大方得体地与同学、异性和长辈交往。初三年级侧重培养学生心态、情绪的自我调适方法，让学生能改进学习方法，在升学和情感等方面做出合适的决定。我校的心理课程充分体现了学科渗透，不局限在课堂内，而是延伸到课外。例如，语文实践活动"学做小记者"和心理课"我爱我师"团体辅导活动结合起来，给学生采访任课老师的机会。通过此次活动，学生们都发现原来老师比自己想象的更可爱，老师们也觉得自己和学生的关系更融洽了。

黄樊老师

我们全面拓展心理教育渠道，让校园充满爱。我们有校园感恩文化节。初一年级的"爱在心中，感恩更美——感恩母亲节"主题活动，初二年级的"扬起爱的风帆"演讲活动，初三年级的"感恩"主题活动，都在橱窗做宣传，悬挂感恩主题条幅，创设校园感恩氛围。我们利用学校广播站，设立"心灵你我他"栏目。同时，还建立心理网站，主要栏目有心理教育活动、趣味心理、心理课堂和心理科研，让更多的老师、家长和学生了解心理健康知识。

342班曹一凡同学这样写道："说真的，我非常佩服心理老师。她总是微笑待人，讲话柔声细语，看起来温文尔雅。她以她的魅力抓住了56

个少年的心。每周我最期待的就是星期三下午,不管那天我多累,心情都会在心理课上骤然开朗起来。黄老师是魔术师,她让我们自信,让我们相信自己,相信明天,相信未来;让我们关爱自己,关爱身边的人,关爱陌生人。她的课堂就像沙漠中的绿洲,永远是身心俱疲的我们的后花园,永远春风和煦。她是我见过的最有耐心、脾气最好的老师。她的课堂是我们最舒心、最喜欢的课堂。"

我们最大的亮点是衡阳市未成年人阳光心理辅导站在我校。它内设接待室、心理热线值班室、个体咨询室、沙盘游戏室、宣泄室、团体活动室、身心反馈室、音乐减压放松室、阅读室等。它为全校学生乃至全市学生营造了一个温馨、优雅的心灵教育阵地,为学生提供了及时、有效的心理健康辅导与服务,重点关注特殊学生群体的心理辅导和咨询工作,帮助他们化解心理压力,克服心理障碍,满足不同学生群体的心理成长需求,帮助学生切实解决学习、生活、情感中的实际困难和问题,取得了明显成效。

我校还成立了心理健康教育领导小组,我担任组长,负责该项工作的领导、组织与管理,德育处协调安排心理健康教育相关活动。我们以未成年人阳光心理辅导站为基地,由各班班主任协助心理健康老师对学生进行心理辅导,并组建以"校领导—心理老师—班主任—学生家长"为基本模式的心理健康教育机制,形成全员参与、齐抓共管的良好格局。每个班级还设立了心理课代表,负责及时向心理老师反映班上学生的心理动态,有助于心理老师及时关注特殊学生的心理情况,同时也便于心理老师及时调整心理健康教学内容和方法。学校继续深化心理健康课堂教学改革,指导学生学习简单有效的自我心理健康教育的方法,使学生知道有问题要求助,在学校可以找老师谈心;在家里可以找长辈、亲友谈心;还可以用笔与自己谈心,把心灵轨迹用文字描绘下来,这对心理健康成长会有很大帮助。学校还有效利用家长会这个平台,对家长开展家庭心理健康教育指导,使学校心理健康教育在家庭中得到延伸。我们还举办家长心理健康教育专题讲座,帮助家长掌握孩子青春期的心理状态,指导家长学会与孩子有效沟通。

在《给孩子一个有仪式感的家庭》发言中,我就是这样深有感触地与他们交流的。

给孩子一个有仪式感的家庭

金鸡迎旭日,紫燕舞春风。感谢你们带着微笑、满怀希望来参加今天的家长会。我们今天聚在一起,是为了一个共同的目标,那就是孩子的成长与进步!

在此,我代表船山实验中学全体教职工向你们郑重承诺:我们一定会努力为船山的学子们提供更高的平台、更雄厚的师资、更先进的教学手段、更安适的学习环境。我们可以期待,船山实验中学的下一个奇迹也许由您的孩子谱写。

接下来,我想就各位最关心的家庭教育问题谈谈我的看法,希望我的发言能给您带来一点思考。

各位家长,我们花十多年时间去培养一个孩子,什么才是检测我们教育成功与否的最终标准呢? 在教育行业工作了30多年的我有一个切身体会:社会才是检验一个人和一对父母的最终标准。而这个标准,是综合性的。永远拿第一名的孩子,未必真优秀。成绩很重要,但绝不是唯一标准。为人父母的终极使命,其实是培养出能适应社会的孩子。

龙应台说,所谓父女母子一场,只不过意味着,你和他的缘分就是今生今世不断地目送他的背影渐行渐远。其实每个父母都知道,孩子总归要离开我们,走上社会,用自己的头脑和双手创造自己的人生。

我们可以在他年幼时为他提供舒适的生活、极致的呵护,但不可能陪他一辈子。总有一天,他要独自面对这个世界,自己解难题,自己担风雨,自己杀血路。如果你真的爱他,就该在他离开你之前,教会他和世界相处的能力,这是你对他的最大帮助和保护。

我曾经对我校全体教师说过,我们不能仅仅满足于做一位尽力的教师,更要努力去做一名用心的教师。我想这句话,对各位父母也是同样适用的。怎样的父母才称得上是用心的父母呢？

用心的父母也许是这样的，他们与孩子的关系一定大于教育。有人说，好的家庭不用刻意地教育，孩子在好的关系中就知道该怎么做。这种关系不是依赖，而是平等。面对家长，孩子有话可说，家里也没有什么禁忌。有些家庭不允许孩子干这，或者是不允许孩子说那。在关系好的家庭里氛围是很轻松的，孩子跟爸爸妈妈像朋友一样，孩子有话就可以说，而不会喜欢某个明星却不敢说，或者爸爸在家就不敢听音乐。

在好的关系里，你不用刻意教育孩子，因为你的审美观、价值取向会通过共情传达给他。如果爸爸喜欢读书，有一个很好的书房，儿子就会收集书，就会有自己的书房。关系好的家庭没有防护和敌对，也没有隔阂。孩子是最容易模仿父母的，所以好的关系要先于教育。

用心的父母也许是这样的，他们会营造一个有仪式感的家庭。仪式感是什么？法国童话《小王子》里说，仪式感就是使某一天与其他日子不同，使某一时刻与其他时刻不同。培养仪式感就是用心对待生活中那些看似平凡的小事。仪式感不是追求形式、华而不实的东西，评判仪式感最重要的标准是能否让人感受到内心的富足。

仪式感能带给孩子目标感和秩序感，给孩子的成长留下一个个里程碑，成为他们日后独自面对生活的坚实基础。比如，在孩子过生日时，为他举办一个仪式。生日前几天，和孩子聊一聊，让孩子意识到，他即将长大一岁，新的一岁，需要有点新变化。大人和孩子一起商量，在尊重孩子个人意愿的基础上，制订一些只要孩子努力就可以实现的目标，再一起想想具体用什么方法实现目标。比如，孩子希望写字更漂亮，可以买字帖，每天临摹；想学游泳，可以报兴趣班。目标不用过多，3~5个足矣，这些目标就是孩子的生日愿望。生日当天，吹灭蜡烛前，让孩子把这几个目标重复一遍，这个仪式既能带给孩子目标感，也能赋予他们使命感，孩子会认为这是我必须做到的事情。到

主体德育

169

时，不用家长催促，他们也会自己努力。

　　别缺席那些对于孩子来说充满仪式感的日子，如孩子的生日、重要的节日、家长会、家长开放日、运动会、汇报演出等。在这些活动中，孩子特别渴望被人重视，家长的出现会让孩子对自己充满信心和认同感，而这些看似平凡的日子，会成为我们和孩子共同的美好回忆。

　　用心的父母也许是这样的，他们懂得教育孩子的艺术，努力成为智慧型父母。他们不论对待孩子的成功还是失败都是理智客观的。他们不会只重视成绩而忽视情感。他们会每天抽出时间陪孩子聊天或锻炼，并且从不间断。他们会科学管理孩子的活动，包括管理电视机、电脑、手机等。他们会帮孩子选择合适的节目，与孩子一同观看，针对内容展开讨论。

　　只要有心，我们可以做的还有很多很多。我相信，如果您真正坚持这样做了，一定会有奇迹发生。

（二）阅读——德育的又一片绿洲

　　我爱看书，不是因为我是校长，职业永远不是阅读的理由。人与人之间最深刻的区别，不在职业而在心灵。

　　周国平说过："在一个精神遭到空前贬值的时代，倘若一个人仍然坚持做'精神贵族'，以精神的富有而坦然于物质的清贫，我相信他就必定不是为了虚荣，而是真正出于精神上的高贵和诚实。"

　　若我们无暇读书，漠视阅读，这个世界还会有心灵的出口吗？我想让阅读为学生一生的幸福和发展提供生动活泼的营养。我校每天都有晨诵、午读、暮省，在一日三读中编织一张美丽的网，呵护孩子在漫长精神旅途中的纯真、快乐与勇气。

　　我校开设了图书馆和电子阅览室，并在各个班级建立了图书角。学校还专门开设了阅读课，定期开展读书会，有以弘扬民族精神为主题的，有以感恩教育为主题的，还有以环保为主题的。

　　校报《船山人》、校刊《船山文学》也成为我校学生彰显个性、放飞思想的平台。我想用学生的文字来触动学生,用学生的行动来感染学生,用学生的事迹来激励学生。

书籍是人类宝贵的精神财富,可以让学生远离平庸和贫乏,远离浮躁和粗俗,能够促进学生自我教育。一个人的精神发育史就是他的阅读史。在推进德育的过程中,我校以读书为载体,打造书香校园文化,引领学生成为有内涵的人。

德育的"根"与"叶"已经说完,德育的"果"要靠船山学子们来书写。

如果有一天我不在你身边

请你抬头看,我的孩子

茂盛的树荫

会让你看见船山的身躯

穿过树叶的微风

你会听见我的声音

我们船山人可以默默无闻,但绝不平庸世俗;我们船山老师可以不显山露水,但心中一定要有教育的山水。学生的成长和青春,是我们的幸福。

用爱温暖教育

不是槌的打击，乃是水的载歌载舞，使鹅卵石臻于完善。

——泰戈尔

"三年前的您，是如此的年轻帅气，一身洁白衬衫，一副方形眼镜，面带微笑……现在，微风还在柔柔地吹着，吹出无数根银丝，飘到您的头上，吹出无数条皱纹，印在您的额头……"朴实的语言中，道出了孩子们对尹振老师最深沉的爱。

尹振，船山实验中学初三年级266班班主任，兼任两个班级的数学教学工作。在学生心中，他不苟言笑，却能带给他们内心深处最温暖的感动。作为县区班的班主任，尹老师每时每刻与学生在一起。而在这群孩子中，更是有一位特殊的孩子让他费尽心血。

"每个孩子都是一个天使。"童话作家郑渊洁如是说。"他也是上帝赠给这世界的一个天使，虽然有着不明事理的眼神，但也有着永不褪去的童真和常人无法比拟的智慧。"尹振老师如是说。他是一个患有阿斯伯格综合征的孩子。

患阿斯伯格综合征的孩子往往情商较低，注意力不集中，无法控制自己的情绪和行为。可就是这样一个孩子，却成了尹振老师最疼爱的一个孩子。

人们都说，爱是人类情感的最高形式，其实，爱更应该是教育情感的最高境界，有爱的教育才是真正的教育。

爱意味着一颗宽容之心。这个孩子在课堂上沉浸在自己的世界中，时而大笑，时而号啕大哭，时而冲出教室，做出一些极端举动。他与老师和同学相处时，也无法正常沟通与交流。情绪稳定时，他亲切地叫尹老师"爸爸"，情绪不稳定时却对老师极不尊重。"捣蛋鬼"是他的代名词。

"捣蛋鬼"上课不听讲,看漫画,吃瓜子……令同学们印象最深的是,最初他总是喜欢见人就说:"你喜欢机器人吗?我告诉你啊……"出于对机器人的喜爱,他常常滔滔不绝。他的种种行为无疑引起了老师们对他的不满、同学们对他的厌恶。而尹振老师却以海纳百川的胸怀包容他的幼稚和无知,用宽容唤起他埋藏在灵魂深处的爱和良知,引导他失当的行为,唤醒他迷惘的心灵。

爱,意味着拥有一颗智慧的心灵。一天,他如往常一般在学校中乱窜,学校里几个认识他的同学嘲讽他把他激怒了。当他用自己的方式反击时,几个高大的男生对他拳脚相加。而当他哭丧着脸回到教室时,班上的同学不仅没有帮助他,有的反而还嘲笑他。这时尹老师缓缓走进了教室,了解情况后严肃地批评了嘲笑他的同学:"他是我们的同班同学,几年时光朝夕相处,如今他受到别人欺负,你们不仅没有帮助他、开导他,还和那些欺负他的同学一样嘲笑他,不觉得惭愧吗?"同学们瞬间安静了下来,个个低下了头。

接着,尹老师把他单独叫到了办公室,细心地为他擦干眼角的泪水,询问发生的事,然后很坚定地拍了拍他的头说:"不用理会那些欺负你的人,没关系,老师会帮你解决的"。随即尹老师找到了那几个学生,推心置腹地跟他们说起他的情况,最后几个学生都向他道了歉,他的脸上又恢复了原来纯真的笑容,尹老师的脸上也有了和蔼的笑容。

面对患有阿斯伯格综合征的孩子,尹老师有较强的角色意识和换位思考意识,能站在他的立场和处境思考问题,用自己平等、信任、尊重等美好的人格力量获得他的信任,在他最需要精神支援时伸出援助之手,用疏导叩开心扉,从细节中给予他最温暖的爱。

爱,意味着耐心的等待。三分教育,七分等待,教育是一个润物细无声、集腋成裘的过程。患阿斯伯格综合征的孩子情绪极不稳定,在他的成长中更需要这样的等待。一次,他因为丢失了心爱之物而坐在地上大声哭闹,尹老师急匆匆赶来,什么话都没有说,只是轻轻地拍着他的后背安慰他。那憔悴的面容充满了关爱,像一个慈父在安慰受伤的孩子。过了好一会儿,他才平静下来。尹老师又缓缓地把他叫出去,细心安慰他,慢慢开导他。透过冰冷的玻璃窗,那洋溢在尹老师和他之间的和谐氛围,温馨而又美好。

日子一天天过着,慢慢地,他长大了。军训时,能看到他唱歌的身影;办公室里,能瞧见他为老师倒水的身影;下雨天,能望见他为校长撑伞的身影。在尹老师的关爱与呵护下,他慢慢长成了一个尊敬师长、乐于助人的孩子,也给同学们带来了无尽的欢乐。

如果这个孩子老是生活在别人的指责、轻视和鄙夷中,他就会自甘堕落,自我放纵。而尹老师一句句饱含爱心与呵护的话语、一次次温暖的拥抱,引导着他走向健康的人生道路。

对于教师而言,什么东西最重要?苏霍姆林斯基的回答是"爱,一颗热爱学生的心灵"。尹老师正是用自己的爱温暖着这个特殊孩子的心灵,用爱温暖着我们的教育。

狄更斯曾这样描述生命的意义:如果我能弥补一个破碎的心灵,我便不是徒然活着;如果我能减轻一个生命的痛苦,抚慰一处创伤,或是令一只离巢的小鸟回到巢中,我便不是徒然活着。在我们的教育生涯中,如果能像尹老师那样用爱温暖学生的心灵,用爱点燃学生生命的火把,也许我们便不是徒然活着。

走近你，温暖我

——记陈果崇老师二三事

在衡阳市船山实验中学有一道特别的风景：一个穿着运动服的大高个儿，在校园的操场、学生宿舍、教学楼的走廊上都可以看到他的身影。他来去如风，声如洪钟，闪闪的光头在人群中格外显眼。他就是我校体育教师——陈果崇。作为一名常驻毕业班的体育教师，他还负责学生工作，可以说是上得了课堂，下得了球场；当得了老师，做得了保卫；斗得过刺儿头，管得住学霸。让我们一起走近他的故事，感受他的教育情怀吧。

一、有一种记忆叫温暖

陈老师珍藏着一本由152班同学为他专门制作的"绝密"同学录，上面写满了全班同学对他的"第一印象""最想说的话""最遗憾的事"……其中有一页清秀的字体特别引人注目，在"最难忘的事"那一栏写着："帮我擦去脸上的涂改液"；在"最遗憾的事"那一栏写着："考跳绳丢了0.3分，那是我永远的痛"。这里有一个小故事。

那是在陈老师第一天到152班上课的时候，一位叫游丹怡的女孩跑过来对他说："老师，我体育不行，我是一个运动白痴。"说完后，笑吟吟地看着他，眼里闪着狡黠的光。陈老师明白了，这个学生在将他的军。他看了这位学生一眼，气定神闲地说："细节决定成败，态度决定一切。今天的你不够完美，但老师只要挥一挥手，就能还你一个完美的自我。"学生惊讶地问："老师，我怎么啦？"陈老师淡定地说："你脸上有涂改液。"然后挥手帮她轻轻一擦，潇洒地转身离去。学生在他身后哈哈大笑。此后，自称"体育白痴"的她变成了"体育达人"，还主动请缨担任体育委员。中考时，因为跳绳项目丢了0.3分与满分失之交臂，她直呼"对不住陈老师"。

有人说,教育就是眼睛与眼睛的重逢,心与心的抵达。这个故事是有温度的教育,它的背后是教育的智慧和行动。当学生离开学校,直面难以预料的生活而受挫时,如果他们的心中一直珍藏着在学校读书时留下的温暖记忆,他们的心里始终有一抹阳光,或许就能坦然面对。

二、有一种信念叫热爱

在有些人眼中,体育学科是可有可无的存在,体育课就是用来玩的。陈老师说,其实体育课首先是人文课,其次才是技能课,体育课能教会学生平时学不到的东西,并从身体上去锻造学生。

在陈老师教过的学生中,有一个文化课成绩很优秀的学生叫陈玮豪。他每次考试都稳居全年级第一,但身体素质很差。上体育课的时候,陈玮豪很喜欢请假,理由是"要学习"。面对这种情况,陈老师找到他,语重心长地说:"再好的智慧缺少了健康的体魄也不能支撑社会的发展和民族的进步。体育课不仅能让你拥有健康的体魄,还能培养坚强的意志。"陈玮豪听后,若有所思,从此没有在体育课请过假。最后,通过陈老师手把手的教授和鼓励,中考时体育总分50分,陈玮豪考了47分,成为那一届的中考状元。提起陈老师,陈玮豪充满感激地说:"我从陈老师那里学到的,岂止是知识……"

德国教育家赫尔巴特说:"教育必须有信念与信仰,没有信念与信仰的教育,只是教学的技术而已。"陈老师让教育有了关爱,它的背后是对教育的信念与热爱。

三、有一种情怀叫守候

2016年,一篇《绝不让妈妈孤独终老》的文章刷爆了衡阳人的微信朋友圈。

一位从船山实验中学235班毕业的学生万家豪被诊断为急性髓性白血病,高危,基因突变,必须做骨髓移植。巨额的治疗费用几乎要击垮这个家庭,船山实验中学的老师和学生们纷纷慷慨解囊。陈老师得知这一消息后很心痛,他除了自己捐款外,还发动自己的初中同学为万家豪捐款。这些娄底市双峰县花门镇第四中学1995届的同学们,在毕业21年之后,在陈老师的号召下,把信任与祝福送给了素不相识的万家豪。陈老师将募捐到的每一份心意都登记在一张纸上,并公布在QQ空间里,下面写着"望嘉豪同学战胜病魔,迎接新生! 加油! 老师和同学们支持你!"

朴素的话语背后,是他对教育的情怀与守候。陈老师的QQ签名上写着"我愿做一名忠诚的老兵"。为什么这样说?从他的一篇文章里也许可以找到答案——我们要忠诚教育,因为这是我们的责任;我们要忠诚船山,因为这是我们的家园。(陈果崇《我与船山的故事》)

教育是什么? 有人说:"忘记所学到的东西,剩下的就是教育。"当我们怀念校园生活时,我们更多的是怀念校园里曾经发生的故事,以及故事背后的冷暖人生。有了这些,学校才会有温暖,校园里人的心才会暖乎乎的。

柔情暖男谢小勇

谢小勇,男,46岁,教龄26年,现为衡阳市船山实验中学355班班主任。

在同事眼中,谢老师是景观灯,用笑容带来快乐和温暖;在家长眼中,谢老师是射灯,点出问题、指明方向,搭建家校之间的桥梁;在学生眼中,谢老师是马灯,无论风雨都照亮前方。孩子们亲切地称呼他为小勇哥。

来船山实验中学17年,谢老师一直把船山的办学理念"学生的健康成长与未来发展高于一切"付诸教育实践中。

都说没有爱就没有教育。229班高雅琴同学在车祸中不幸受伤,医生要求她卧床休息。高雅琴是初三的学生,时间宝贵啊!小勇哥了解情况后,当机立断,与家长沟通,每周三和周五晚上驱车到她家里给高雅琴补课。多少个日夜,是小勇哥把校园和那个学生连成一条线,传递着知识和重新振作的力量。初三学生的时间宝贵,初三老师的时间何尝不宝贵?但就是在这样的情况下,小勇哥仍一直坚持无偿为她补课,不仅拒绝了家长给的辛苦费,连一顿感谢饭都不愿吃。日夜更替,那盏在深夜中明明灭灭了无数次的灯光,照亮了一个学子求知的道路,显映了一位老师对学生亘古不变的爱。

雅斯贝尔斯说过,教育的本质意味着:一棵树摇动另一棵树,一朵云推动另一朵云,一个灵魂唤醒另一个灵魂。谢老师接手的284班,班级总体成绩与表现都很不理想,学生厌学情绪严重,最可怕的是班上出现了一种破罐子破摔的现象。小勇哥狠狠地批评了学生:"你们现在还可以努力,如果现在就放弃,你们还要青春干什么?"一番话说哭了一班学生。那时,他眼中明亮的光芒,唤醒了一个个沉睡的灵魂。

阿多尼斯说过,在你的眼睛和我之间,我看见幽深的黎明,我看见古老的昨天。在284班学生眼中,小勇哥是"数学老师中体育教得最好的,体育老师中数学教得最好的"。他每天早上都会到学生宿舍叫学生起床。在小勇哥的督促下,284班学生都养成了早起的好习惯。和学生一块儿来到船山广场,他先带领学生做俯卧撑,然后又领着学生晨跑。如果你清晨见过小勇哥领跑的英姿,你一定会对他那有节奏的哨声记忆深刻。他的哨声催人奋进,让人浑身充满力量。在小勇哥的眼中,284班学生仿佛看到了那厚实的肩膀撑起了黎明的曙光,冲破那笼罩在心头的阴霾,陪伴着迷茫的灵魂走向远方。

　　如果说"陪伴是最长情的告白",那么小勇哥对284班学生真可谓是一往情深。去年的初二教师篮球联赛中,小勇哥身着亮色篮球服,在一群年轻教师中穿梭,令人眼前一亮。然而,在一次上篮不中后,他突然瘫倒,双手抱着小腿,在地上滚来滚去,眉头紧锁,十分痛苦的样子。现场加油的学生目送小勇哥被送入医院。大家本以为小勇哥伤势严重会影响上课,班干部甚至还在谋划第二天中午请假出去看看小勇哥。谁知隔天出完早操,小勇哥拖着肿胀的小腿,又神勇地"站"上了讲台,开始动情地讲述《二次方程》。台下,一双双明亮清澈的眼睛泛出点点泪光,模糊了讲台上那个吃力却依旧神采飞扬的脸庞。那一堂课,小勇哥把陪伴化为一股清泉,在每一个学生心间汩汩流淌,滋润着初露锋芒的灵魂。正是这份厚重和清澈,才让生命有了颜色,让教育有了诗意。

　　一日为师,终身为父。如果说数学老师为学生构建了一个平面直角坐标系,帮助学生求解二次函数的话,小勇哥则扮演了一位父亲的角色,用言传身教,为学生的成长、发展乃至成才建立了一个空间直角坐标系,让不同的学生都能在人生的曲折中求得自己的坐标,奋力向前。

且
行
且
思

幸福是奋斗出来的
——青年教师座谈会发言稿

各位老师：

大家好！

首先我代表学校祝大家五四青年节快乐。听了老师们的发言，我感受到了大家对教育的热爱，更感受到了大家对船山的热爱。在座的都是"90"后，也是船山未来发展的中坚力量。梁启超说"少年强则国强"，我们也可以说，日后"诸位兴则船山兴"。借五四青年节，我想将三句话送给在座的青年教师们。

第一句话——幸福都是奋斗出来的。

这是2017年12月31日国家主席习近平发表的2018年新年贺词中的一句话。习总书记教诲我们，奋斗本身就是一种幸福，只有奋斗的人生才称得上幸福的人生。幸福是什么？幸福是指一个人的需求得到满足而产生长久的喜悦，并希望一直保持现状的心理情绪，并不与快乐、快感、方便画等号。我问过几位教龄不同的教师："教师的幸福是什么？"有人说，教师的幸福很简单，就是你教过的学生都能记住你是爱他们的；有人说，教师的幸福就是走在大街上有个洪亮的声音叫你一声老师；有人说，教师的幸福就是让每一个学生找到最适合自己的人生出路……我听得出来，这些教师眼中的幸福都来源于学生的成长，来源于教育的成果，来源于教师的专业能力和敬业精神。

一位优秀教师说过的一句话让我深有同感：教师成长为什么样的教师，不仅要看他工作时间内做了什么，在很大程度上还要看他工作时间外做了什么。一名幸福的教师，要有自己的成长规划，这是教师奋斗的重要组成部分，奋斗要找对方向，找准方法，这样的奋斗才有价值。

且行且思

第二句话——一生只做一件事。

人活着,得有自己喜欢的事情做,并且要有将这件事做到底的态度。以前,手艺人一辈子只做一件事,一辈子努力做好一件事。随着岁月渐长,他们不断打磨自己的手艺,从生疏到纯熟,从青涩到老练,漫长的一辈子,将光阴都奉献给这件事。我们将这样的人称为匠人。我们做教师的,何尝不是一位匠人?但同是匠人,手艺有高低,格局有高下。匠者,分匠气与匠心,前者意味着机械、重复、固执和守旧,后者意味着执着、专注、完美和情怀。就教育而言,取法匠气,只能成为一个亦步亦趋的"教书匠",取法匠心,才有可能成为"人师"。

音乐才子李宗盛说,世界再嘈杂,匠人的内心必须是安静、安定的;人生很多事情急不得,你得等它自己熟。我们要让教育远离功利。倾注了时间和心血,积累出的必然是超凡价值。身为教师,只为教育这一件事,且让我们专注地做好这一件事。

最后一句话——走研究之路,做智慧教师。

苏霍姆林斯基说:"如果你想教育工作给教师带来欢乐,使每天的上课不变成单调乏味的苦差,那就请你把每个教师引上研究的幸福之路吧。在这里,有收获和发现,也有快乐和苦恼。谁能感到自己是在进行研究,谁就会更快地成为教育工作的能手。"

据我观察,青年教师的专业发展,不外乎以下三种情形:一是课堂型。这类教师的课堂教学精彩纷呈,给听课者以美的享受。他们大都情感充沛,有着语言表达的天赋和灵活驾驭课堂的能力。二是科研型。这类教师的课堂教学虽然扎实,但是"看点"不多,他们的强项在于善于反思和及时总结,所以常常有教学论文、教育随笔见诸报刊,每年立项的各级课题中也常常能找得到他们的名字。三是辅导型。这类教师的特点就在于辅导,作文辅导、奥数辅导、科技辅导等。以语文为例,这类教师发动学生开展广泛阅读,然后花精力辅导学生写作文、写周记,面批精改,最后投稿。一分耕耘,一分收获。一两年下来,他们辅导发表的学生作文很多。每次收到样刊,教师和学生都会体验到巨大的成功感。上述三种类型的教师,只要影响稍大,在本校或本市就可跻身"专家教师"行列,在他们的专长领域都有一定的发言权。我认为,在座的老师都要勇于走这样的"特色之路"。

　　古人云:"闭门即是深山,读书随处净土。"只有心中留存一份净土,才不至于迷失自我,而我们教师只有保持着教育的这份纯真,才能真正做到学高为师,身正为范。

做有温度的教师
——读《办一所有温度的学校》有感

读仲辉校长《办一所有温度的学校》一书,品味着一个教育者用几十年时光凝聚而成的教育理想与教育情怀,我感触颇多。

美国思想家梭罗在《种子的信仰》中曾经说过:"如果你在地里挖一方池塘,很快就会有水鸟、两栖动物及各种鱼类,还有常见的水生植物,如百合等。你一旦挖好池塘,自然就开始往里面填东西。尽管你也许没有看见种子是如何、何时落到那里的,自然看着它呢……这样种子开始到来了。"

所以有人说,好学校就是一方池塘。它的价值便是为学生创造一个好的生态环境,赋予学生赖以生存的水、阳光、空气,以及其他必需的养料,使学生在一个良好的氛围中健康快乐地成长。这何尝不是"有温度的学校"的另一种表述呢? 而其中作为"园丁"的教师更应该是有温度的。

教师的温度从何而来呢?

教师的温度在职业价值观里。

目前,教师所持有的职业价值观大致可分为生存型、享受型和发展型三种。生存型教师主要是从生计出发,把教师看成是知识的搬运工,把教师职业看成是无可奈何的选择。在他们身上,我们看到的是对职业的淡漠。享受型教师主要是从兴趣出发,以对教育事业和学生的热爱来对待自己的职业,把学生的成长当成教师最大的快乐,对平凡的工作充满热爱。他们从职业中获取快乐和幸福。发展型教师则处于服务社会和完善自我的状态,即主要是从自身和社会需要出发,以完善自我、为社会做贡献的立场看待自己的职业。他们从事这一职业是为了过一个更有意义的人生,因而感到崇高而有价值。在他们身上,我们体会到了其对提升自身的迫切愿望和富于创造性的教育智慧。他们超越职业的高度，以教育家为发展目标。只有教育者自身内心温暖才能给被教育者以温暖，而教育者内心的温暖必然来自其正确的职业价值观与幸福观，以及其对教育事业的真正热爱。

教师的温度体现在教育理念上。

教育的目标是培养人。有温度的教师不会把学生培养成考试的机器或急功近利的人。教师应注重培养学生的自学能力和终身学习理念，为学生未来人生奠定坚实的基础。教师应善于激发学生的好奇心，鼓励学生多思考、多提出有价值的问题。教师应注重培养学生的合作探究能力，帮助他们学会与他人合作。教师应注重培养学生的健全人格，让他们在读书学习的同时学会做人做事，为他们提供无穷尽的人生正能量。

教师的温度还体现在课堂上。

怎样的课堂才算有温度？某研究院通过"有温度的课堂"评选活动，归纳了一系列高频词汇，总结出有温度的课堂共有的十大标志，包括：育人有理解，学习有鼓励，待人有微笑，教育有耐心，态度有宽容，言行有品位，上课有趣味，作业有讲究，教学有成效，经验有特色。在这样的课堂上，学生不必担心自己出错，不必担心教师责备，也不必担心同学异样的目光。他们可以放开自己的心灵与思想，可以大胆犯错、大胆创新、大胆交流、大胆思考、大胆表达、大胆质疑……这样的课堂才是有温度的课堂，这样的课堂培养出来的人才是真正有独立人格、创造精神和平等思想的人。只有这样，教育教学才能真正做到"立德""树人"。

希望所有教师都要做有温度的教师。不要只看到眼前的一个孩子，而要看到每一个孩子背后的每一个家庭、每一个家族；不要只看到眼前的一个分数，而要看到每一个分数背后的每一颗寂寞、挣扎、努力、坚持、守望的心。如果学校里的教师都是有温度的教师，那么学校成为一所有温度的学校便水到渠成了。

教艺练达臻化境，技法圆熟始通神
——读《教艺通神》有感

清代著名启蒙思想家魏源曾说："技可进乎道，艺可通乎神。"的确，当某项技艺达到巅峰后，再前进一步便接触到了"道"，即天地规律。教育行业同样如此。李再湘先生《教艺通神——行走于教育与艺术之间的智慧人生》一书，体现了再湘先生从一线教学岗位数十年的宝贵经验中提炼出的对教育、教学的深度思考。他的成功为广大青年教师专业成长提供了极具借鉴作用的范式。

一、仰望星空，脚踏实地

黑格尔曾说："一个民族有一些关注天空的人，这个民族才有希望。"仰望星空，之于我们，其实就是体察内心，找到心之所向。而脚踏实地，则是用自己的每一个脚印使梦想照进现实。如果说仰望星空是捕捉梦想的开始，那么脚踏实地可以说是让梦想成真的途径。

他是全国知名的中学数学特级教师，曾是雅礼中学数学奥赛金牌教练，获得过全国第六届"苏步青数学教育奖"。

他是书法家，作品先后在全国硬笔书法大赛中获奖50余次，2007年荣获"共和国优秀艺术家"称号。

他还是作家，"山奇峰挺秀，水韵涛为魂，天高风如羽，海阔我作鹏"是他用诗为自己写下的注解。

……

从一线普通数学教师到数学奥赛教练，从金牌教练到长沙市教科院副院长，再到湖南省中小学教师发展中心副主任，再湘先生的智慧人生体现着一个简单而又深邃的道理：仰望星空，也要脚踏实地。

再湘先生初为人师之时，就把"合理用时，科学用脑，文理兼顾，不断进取，全面成才"作为自己的座右铭。为了这片星空，从事一线数学教学工作时，他每个星期天都为学生在学校大会议室免费上数学解题思路的专题课；他每天坚持早起练书法，连午休时间也不放过，几十年如一日，临池不辍，心追手摹；甚至他还在精研数学、探究书法艺术的基础上，将研究方向拓展到了新闻、诗歌、篆刻、民间文学等领域。

调入雅礼中学后，再湘先生为自己确立了更高的目标——"千百工程"教育科研计划（千者，千篇论文；百者，百部专著）。为了这片星空，他潜心研究教学，对教育科研的热情一发不可收拾；他深入课堂，一边实践，一边研究，写下了500余万字的读书研究笔记，出版著作、发表论文无数。此即梦想点亮人生的鲜活写照。

由中学数学而至教育科研，由教育科研而至教师培训，再湘先生说："我有一个期待和梦想，就是通过自己的探索与实践，摸索出一条教师继续教育的新路，为广大中小学教师专业成长提供一个可供借鉴的范式。"为了这片星空，他曾日夜奋战八个月，分六大板块写成了一套三本的《教师专业成长导引》丛书，赢得了很好的社会反响和广大教师的赞誉。而今他又积极践行习近平总书记关于继承发扬中华民族优秀传统文化的指示精神，在"国培计划"与"省培计划"中身先士卒，并作为首席专家在"送培上门"和"书法教育"等诸多项目中开创了成功的范式。

仰望星空，就是寻找一种高博、辽远、深邃、优美的精神空间，确定梦想的方向。脚踏实地，就是用现实主义精神和务实作风将梦想变为现实。这样的老师怎能不幸福？

二、匠艺精诚，臻于至善

泱泱中华之所以有璀璨文化，就是因为代代相传的工匠精神源源不断地浇灌着文明之花。工匠精神并不是封存在史册中可望而不可即的文化，而是职业精神最权威的现代"解码"。

纵观再湘先生的教育之路不难发现，"匠艺精诚，臻于至善"的工匠精神一直贯穿始终。

作为数学教师，再湘先生在基础教育中钻之弥深。为了写好一个教

案，做好一个教学设计，他经常凌晨三点多钟就开始伏案疾书。他还常常上课写粉笔字右手小手指被黑板磨破出血了都没有一点感觉。他的课堂总是那么趣味盎然：学生在听故事、讲故事中潜移默化地接受数学文化的渗透与传承；在读诗歌、编口诀的诗情画意中加深对定理的理解与掌握；在有趣的数据和巧妙的解法中充分挖掘生活中的数学；兴趣小组撰写数学小论文、争当"小小数学家"的活动更是令学生欲罢不能。

作为教育者，他一直在继续教育的道路上不断探索，执着追求。工作三年后，他自费参加了由北京大学冯友兰等大师创办的"中外比较文化研究班"的学习；1995年，他参加了由张奠宙先生主办的"数学教育研究高级研修班"的学习；1997年暑假，他参加了湖南师范大学教育科学学院"教育管理硕士课程班"的学习；2000年，他又取道清华园，参加了为期五周的"清华大学公共管理高级研修班"的学习……不断的学习使他了解了国内外的教育动态和先进经验，掌握了教育理论的改革与方法，在理论上得到了一次又一次提升，在行动上实现了一次又一次跨越。

作为书法家，他对书法执着有加，将书斋取名"暑寒斋"，不论严寒酷暑，铁砚磨穿，退笔成冢。他用刻苦、勤奋、踏实、精益求精的精神勇攀书法艺术的高峰。他的作品多为书写其教育理想的名言警句，讴歌教师的对联与诗文，求学上进之雅韵，为人处事之哲理，修身养性之警言。作品结构奇中见稳，潇洒飘逸多以动见美，尽显激扬运动之态。他认为，文化是书法的核心，那种对书法技法层面的学习和对书法线条表层的审美，只是一种肤浅的体悟。对书法真正的理解，是隐含在汉字里的文化内涵，是一种超乎笔画之外的玄妙，是一个幽深无尽的文化世界。

三、推陈出新，别开生面

《匠人精神》一书中这样讲成为一流工匠的"守破离"：跟着师傅修业谓之"守"，在传承中加入自己的想法谓之"破"，开创自己的新境界谓之"离"。

在一般人眼里，数学重视逻辑思维，而文学则突出形象思维。再湘先生主张人类的知识是整体的，文史哲之间没有明显的划分，要真正成为一个优秀的教师和学者，必须贯通文理。他提出，让数学的课堂教学充满激情和诗意、让语文课堂教学充满数理与思辨。

他的课堂时常闪耀着"文理贯通"的火花。比如，在上"勾股定理应用"一课时，他提出了著名的"印度荷花问题"：

> 湖静浪平六月天，荷花半尺出水面；
>
> 忽来一阵狂风急，吹倒花儿水中偃；
>
> 湖面之上不复见，入秋渔翁始发现；
>
> 残花离根二尺遥，试问水深尺若干？

一见到这别开生面的题目，学生的学习兴趣陡增，最后运用勾股定理顺利得解。学生在诗情画意中加深了对定理的理解与掌握，增强了解决实际问题的能力。

教学之外，再湘先生还将这种"文理贯通"的理念融入自己的人生。他的诗赋联语与其数学修为，如花开两朵。在忙碌的工作之余，他常寄情于山水之间，行万里路，书千般景。春日里，他登高远眺，以诗寄情："一江烟雨柳莺啼，万朵桃花随碧溪。心似良田千万顷，凌云妙笔趁春犁。"秋高时，他极目抒怀，写尽秋思："遥望湖湘山水色，霜枫吐艳醉当年。莫恋乡关融四海，远眺高登览桑田。"

作为书法教育家，再湘先生以书法度己，更以书法教育度人。这便是他不同于一般书法家的人生取向。他主编了多部写字训练教材，主持了"十一五"规划重点课题"书法课程对中小学生教育功能的挖掘与研究"。他认为，他有责任、有义务为一代青少年"认认真真写字，堂堂正正做人"而奔走。前后5年时间，45所实验学校，近10万学生，他一步一个脚印走上了书法课程与教学的艰辛长路。这是比书法本身更大的"道行"。

教师，看似在重复劳动，其实重复中充满了各种可能与变化。优秀的教师能从重复中发现"巧"，别出心裁，这便是创造。就这一点而言，教育就是艺术。

行者无疆，作为教育路上的行者，追求是无止境的。愿所有有志的教师，都能从再湘先生行走于教育与艺术之间的智慧人生中汲取一点养分。虽不能至，心向往之；念念不忘，必有回响！

天高任鸟飞

今年是王船山先生诞辰400周年,年轻的船山实验中学刚走过她的双十年华。通过这所古老而又年轻的学校,许多优秀的灵魂飞向了更远的天空。这些年来,我时常收到他们的来信和文章。纸短情长,无论他们飞多远,船山是他们永远的乡愁。

山高水长，不忘君恩
——致敬船山实验中学肖高君校长

丁芳

司马光曾言："经师易遇，人师难遭。"在我的教育教学成长之路上，船山实验中学是我梦开始的地方，肖高君校长是我的启蒙恩师。

2001年，我大学毕业初涉讲台就有幸成为船山实验中学的一员，有幸得到肖高君校长的指点，聆听他的教诲。

把我捏碎了成就一个你

1940年，著名京剧表演艺术家郝寿臣打算收袁世海为徒弟。一天，郝寿臣对袁世海说："我欲收你为徒，你要先回答我一个问题。这个问题是，你是让我捏碎了重新塑造你，还是把你捏碎了重新塑造我？"袁世海毫不犹豫地脱口道："把我捏碎了重新塑造您。"郝寿臣微笑着没有回答，他提议带袁世海到他刚买的新居去看看。他们来到房屋门外，郝寿臣问袁世海："怎样才能进到这间新房里去呢？"袁世海答："当然要先找到门的位置，从门进入。"郝寿臣微笑着点点头，掏出钥匙，打开了门。他俩在房间内观看了一遍，喝了茶，随后离开。半路上，郝寿臣问袁世海："刚才我们从新居哪里出来的？""从门里出来的。"袁世海很纳闷，怎么今天郝寿臣变得迷迷糊糊的。郝寿臣哈哈一笑说："我一开始问你的问题，你现在可以给我答复了。你从门进到新居里，再从新居的那扇门出来，你还是你自己。因此，我问你的问题，应该这样回答：'把郝寿臣捏碎了重新塑造一个袁世海'。以后，无论是学艺还是为人处世，都要'寻门而入，破门而出'，千万不要生硬地去模仿，一定要保留自己的个性与风采，吸纳别人的长处，为我所用，否则，会适得其反。东施效颦，学到的是别人的缺点，结果丑态百出；邯郸学步，是模仿别人不得法，结果忘记了自己的优势。"

第一次见面，肖校长用这样一个故事向我诠释了他理解的教师观和学生观。那一刻，我忽然觉得有一扇窗在我眼前"哗"地一下打开了，我似乎从懵懂走向了光明，肖校长用一片赤诚鼓励着一个年轻的生命开始启程。十八年过去了，对那次谈话，我依旧深深感恩：人在年轻的时候，能够及时遇到一位值得崇拜的长者，是多么幸运的一件事啊！

没有"差生"，只有差异生

"校长爱差生。"老师们总是这样开着玩笑。

肖校长对各班级的几个后进生总是如数家珍，比如：谁的数学比较差，谁的思想最近出了问题，谁的家庭情况比较特殊……他总是在晨练的时候，跑到学生队伍中，拉起想偷懒的那个，鼓励跑不动的那个……我们跟他诉苦，说学生难教，班级难管，他总是微笑着说："别急，慢慢来！"

他的豁达大气，使得刚踏上讲台的我们多了一份淡定与从容，对于成绩相对落后的孩子，多了一份宽容和理解。

在船山，我的成长不紧不慢，有过失误，有过挫折，却从不气馁；我的孩子们，有过淘气，犯过错误，却永远积极乐观。船山实验中学，充满阳光和正能量。不得不说，肖校长给我们创造了一个张弛有度、静待花开的教育环境，此实乃学生之幸，教师之福。

如果我是学生

肖校长爱听课，也爱评课。那时候，办公室每天早上最有趣的事情就是猜一猜今天谁的课会被校长听。被校长听课，是难得的学习机会，更是特殊的福利。

他总是拿着一个红色塑料凳，在教室外巡视，看似随意地选择一间教室进去，又看似随意地坐在班级最调皮的孩子旁边，认真地做着笔记，认真地参与学生讨论。课后，他会在教室外的走廊上，打开笔记本，和任课老师讨论这节课的得失。他最常说的话是："如果我是学生……"此时的校长，严肃又亲切，是学者，也是长者。

在校长的引领下，我第一次接触到"精讲、多思、精练、互动"的理念，开始明白学生是一切教学的起点。我尝试着静下心来，用心去观察和研究孩子们的特点，唤醒他们，激励他们，用真正的教育为孩子一生的发展着想。

……

在船山，各种"校长名言"在校园里流传："金奖银奖，不如家长的夸奖；金杯银杯，不如学生的口碑""得差生者得天下""当个差生不容易"……这些话语深深地印在我的脑海中，时刻提醒我，鞭策我。

如今，离开肖校长南下广州已经近十年了。不论是参加全国的教学大赛，还是组建自己的名班主任工作室，或者是作为特聘教师站在高校的讲台上……带着肖校长的精神前行，我从不畏惧，更不敢骄躁。

北岛说，从卖气球的人那里，每个孩子都牵走一个心愿。

我说，从肖校长那里，每个船山人都领走一份梦想，一份成长。

感谢肖校长，感恩船山……

天高任鸟飞

一位充满教育情怀的校长

陈亚娟

2019年2月的一天，我从北京赶回衡阳老家过春节。回家不久，我接到一个电话，接通后，电话里传来熟悉而又亲切的声音："亚娟，回衡阳了吗？"我连忙笑着回答："肖校长，您的电话来得真巧……"挂下电话，顾不上旅途劳顿，我立马赶往曾经工作了十余年的老单位——船山实验中学。

得知我和曾经的同事王玮分别从外地回衡阳，我们的老领导——肖高君校长特意安排了这次聚会。我和王玮以及曾经一起工作的同事欢聚一堂，聊事业、聊家庭，回忆曾经的点点滴滴。此时此刻，肖校长如兄长般，把我们这些好朋友、好同事聚在一起，重温集体的记忆和家的温馨。

时光如流水，脑海中关于肖校长的最初记忆，还要回溯到1997年。那一年，我大学毕业，分配到衡阳市第一中学（一中）初中部。新老师照例是要当班主任的，肖校长恰好就教我们班的数学。作为教育战线上的一名新兵，我有幸得到了肖校长的无私帮助和悉心指教。这种帮助和指教除了教育教学上的点拨外，对我影响至深、令我终身受益的，是他对教育事业和学生的全情投入。一中是一所全日制的寄宿学校，住校生每天六点半统一晨练，肖校长总是早早地在操场上等候着学生。对待教学，他一丝不苟，过硬的业务能力令人称道；对待学生，他和蔼可亲，我总是在课堂和办公室看到他与学生愉快交流、亲切互动的场景。这种敬业精神，蕴藏在日常工作和生活的每个细节中。也正是这种敬业精神，赢得了我对他的深深敬重，潜移默化地影响了我的人生态度。

53班是我从教后带的第一个毕业班，对这个班，我倾注心血，与孩子们也结下了深厚的感情。几年前，我与班里的部分同学聚会。大家多年没见了，自然会聊起彼此这些年的经历。也正是这次聚会，让我知道了肖校长的一些"秘密"。原来，我们班有位家庭出现特殊状况的孩子，肖校长一直在资助、鼓励他。孩子高中毕业上大学后，肖校长继续在经济上提供资助，帮助孩子顺利完成了学业。此外，肖校长还一直关心他、开导他，使他对生活充满了信心。如今，这名学生已经参加工作，组建了幸福美满的家庭。而且我还了解到，肖校长一直在帮助学校里一些有特殊困难的孩子，我们班的这位同学仅是其中一例。

教书育人是教师的本职，但肖校长却不仅限于此，他把育人当成一种爱好，视为一种追求。这种人生追求，空间上不限于在学校，时间上不限于学生在校期间。在与毕业学生联系交流时，我竟然发现不少孩子与肖校长保持着长期的联系。许多学生毕业后，他仍然掌握他们的去向，了解他们的现状，关心他们的成长。正是通过这种长期的联系，肖校长成了孩子们人生的导师、一生的朋友。让我难以想象的是，他是如何在繁重的工作之余，还能挤出时间去关心这些已经离开学校、逐渐长大成人的孩子的。

2007年7月，我调到北京第三十五中学初中部工作。来北京之前，我曾经跟他谈过个人的顾虑，怕不适应新的环境和要求。他像兄长一样鼓励我勇往直前，大胆去应对挑战。当时，我是学校的教学骨干，他却从没有流露过怕骨干流失、影响学校工作的担心。据我所知，这些年从船山实验中学走出过许多优秀的教师，从来没有人担心校长会阻挠。因为我们都知道，他是一个有大视野、大格局的人，他乐见"海阔凭鱼跃，天高任鸟飞"。

一个人的气度和格局往往是由他的思维和知识水平决定的。熟悉肖校长的人都知道他是一个特别好学的人。与他共事期间，我对他最深刻的印象就是书，满办公室的书。有事情要找他时，我总能看到他手不释卷。除了阅读学习，他还抓住各种时机外出学习交流，回来时总是带着记录满满的笔记本和许多新知识、新观点、新想法。他不仅自己爱学习，还督促老师们学习，通过组织集中学习、集体教研等形式，帮助大家了解并掌握前沿教育思想和教学信息。他自己也常常说："如果说我有什么优点的话，那就是善于学习。作为一个教育者，只有热爱学习、终身学习,才能与时俱进,跟得上时代的发展,成为称职的老师。"正是在他的影响和带动下,我也十分注重学习,关注教育教学前沿动态,努力提升自己的教学水平。得益于此,我到北京后,能够较快地适应新的环境和岗位,成为学校乃至西城区的教育教学骨干。

2009年9月,温家宝总理来三十五中视察。总理对学校师生的殷殷嘱托,令人毕生难忘。之后不久,我接到了肖校长的电话,他希望我帮忙联系让他来我校学习考察。对此,我并不感到意外,因为在我的记忆里,他是一个不放过任何学习机会的人。经过沟通安排,肖校长来到三十五中初中部,与学校领导和老师相互沟通交流,彼此介绍学校的教育管理情况,对彼此的办学理念和办学经验进行了深入了解。这次交流活动,无疑对双方学校都是一种促进和提升。

在写这篇文章时,我不禁在想,是什么让肖校长像一块磁石一样,把老师和学生紧紧地吸引在自己周围?又是什么让他如此热爱教育事业,乐此不疲地把全部精力和热情投诸在学校和学生身上?

我想,也许是因为他有着一颗对教育事业无比热爱的赤子之心,或者是因为他是一个有教育情怀、纯粹的教育者。

船山二三事

周翔

漂泊在外十余载，回首望去，有关家乡的一半记忆竟与船山实验中学有关，有东洲岛浪花拍打的声音，有25路车颠簸的汽油味，有少年们指点江山的意气风发。

我是2003年进入船山实验中学学习的。那个时候，船山实验中学和成章实验中学仅一街之隔，"霸主之争"甚为焦灼，也直接导致了交通阻塞。不喜竞争的我自然而然地选择了氛围更为宽松自由、离家更近一点的船山实验中学。当然，船山吸引我的还有大操场和体育馆，它们成为我此后三年无数欢乐的载体。

我的校服我做主

咱船山的校服确实很吸引人。摆脱了厚重的布料和松紧口，脱离了三原色的拼盘组合，我们的校服以清新的白色为底，肘部缀以稳重的橙色和藏蓝色，胸前是简约大气的学校标志——上下嵌合的"CS"，一度被评为"本市最好看的校服"。我有幸作为学生代表之一参加了当年的校服招标会，当时共有十来套备选校服，面料、款式各不相同，我几乎第一眼就被这套秋季校服吸引了，毫不犹豫地给它投上一票。没错，一直盛行至今的校服就是学校、学生、家长三方经民主投票共同选择的结果。船山开明民主的风气，由此可窥见一二。至今在公交车或路上见到熟悉的校服，我总有一种莫名的亲切感，甚至想走上前拍一拍学弟学妹们的肩膀说：嘿，你好呀，船山！

释放天性，因材施教

我所在的41班是个典型的调皮捣蛋班，没少让老师们操心。班主任李丹老师刚从大学毕业，小巧玲珑的邻家女孩模样，很难想象她能镇得住我们这群混世魔王。但说也奇怪，她总能巧妙地融入我们内部。运动会是我们班一年一度的盛事，从赛前训练到煤渣跑道，从组织后勤服务到鼓励我们争取比赛合法权益，李老师全程陪同。犹记得教室后墙贴的满满的团体和单人奖状，每一张都是我们拼搏的汗水和友谊的见证。每当其他任课老师无奈地感慨"要是你们的文化课成绩也能像体育那么好就好了"时，李老师总是为我们说话："孩子嘛，释放天性最重要。"天性之外，其实李老师对我们的学习要求非常严格。她分层次设定目标，进行个性化教学，给了更多同学踮起脚尖进步的动力和空间。最后，学校通过直升和保送进入重点高中的学生中，我班人数最多；中考录取到重点高中的学生中，我班人数也名列年级前三。

最忆是船山

我从小镇走出，父母都是老实巴交的农民。进入中学的我依然很不自信，是细心的老师们主动解开我的心结，是同窗好友们悄然帮助却心照不宣，让我发现更好的自己。我至今依然清晰地记得毕业纪念册里一段特殊的留言，上面画有大大的笑脸和很开阔的窗户。很多年来，"smile"一直是我在各种社交平台上的昵称。"努力，创造奇迹"，这个朴素的信念嵌刻在我形成独立人格的关键时期，往后的长风破浪、直挂云帆，我大抵追随内心的声音而动。

湘水依旧，丁家牌楼、老黄白路不再，一中、八中各居城北、城南，岁月安好。多年后师生再聚，在崭新的华新校园，"园中有树，树上有花，花下读书"，感慨今日学弟学妹们读书的条件如此优越。聊起过往，老师们如数家珍，那些年的我们，或桀骜不驯，或放荡不羁，或特立独行，或温文尔雅，而今道来，都是满满的回忆。

我的船山时光

李文姝

　　近日回忆起我的初中时光，恍然惊觉，原来白驹过隙，时光飞逝，转眼间人生的前三十载就这样流走了。初中时光于我，听起来竟然是十几年前的事了。十几年前的点滴很多都已记不清了，现在已经背不出初中时的语文、英文课文，化学元素周期表，各种数学、物理定律，政治、历史、生物、地理知识点了，也忘记了初中时每一次高兴和流泪的原因。然而这几个晚上回想起初中的青春岁月，仿佛并没有那么遥远，似乎上下课铃声、食堂排队吃饭的喧闹、宿舍午后的安静、早读时的琅琅书声、课堂上夹着粉笔灰的板书和昏黄的幻灯片课件，就在不久前。

　　每年回国，我都会去校园里走一走，看看从前的老师。尽管这里已经不是我曾经度过三年时光的那个校园，但仍然让我觉得美好。看着比我年轻的老师们、叫我阿姨的初中生们在学校里来来往往，聊不完的天、讨论不玩的话题，伴随着上课铃声戛然而止，一切一切，都让我觉得生机勃勃。我由衷地为这些孩子们高兴，因为他们在走我曾经走过的那段无悔的青春，在这个校园里，跟我喜爱的师长们，谱写他们自己的青春岁月。

　　我进船山实验中学的时候是2000年，是学校的第三届学生。彼时，学校还在白沙洲老校区，我们这群刚进初中的孩子们得跟高中的大哥哥大姐姐们共用一个校园，甚至共用一栋宿舍楼。那是刚刚小学毕业的我们真正意义上第一次过集体生活，在全封闭式管理的住宿制校园里学会和同龄的小伙伴而不是父母，一起生活、学习和成长。虽然我们当年的校园设备远远不及现在，既没有绿草如茵的操场，也遑论食堂有空调、宿舍有饮水机，但是比起隔壁八中和其他市内中学，也算是个中佼佼者。再来看现在的船山实验中学，校园美得像公园，有池塘，有垂柳，有崭新的体育馆、图书馆、食堂、教学楼、宿舍楼,学校在为学生创造良好的学习环境上永远不遗余力,这让我身为一个船山人感到自豪,对学校领导团队心存感激。

毕竟已经出国快十年了,我不知道现在的船山学子是否还像十几年前的我们一样,六点起床出早操,然后晨跑、早读、上课、午休、上课、上晚自习,但想来不会差太多。那时我也曾在每一个爬不起来的早晨和喘不过气的晨跑中憎恶过这种恼人的作息规定。那时我们的校园并不像现在这般铺着草坪和塑胶跑道,记忆中的跑道是黑乎乎的,跑起步来能扬起一层一层的灰,听起来似乎更加不美好。但人到而立之年,却又十分感念初中那三年规律的作息和雷打不动的晨练,是它们造就了我的健康和自律,以至于回忆中那一层一层扬起的尘土和生活老师催促的口哨声都变得鲜活而动人。

我想大多数人都认同,回忆最重要的一环就是人,是那些陪伴我们走过岁月的父母、老师、同学和朋友。十几年过去了,现在再徜徉在校园中,我熟悉的老师已经不多了,大多数曾经教过我的老师都退休或者转行政岗了。但这并不妨碍我感激每一位教过我的老师,博学的语文老师、温柔的政治老师、严厉的化学老师……衷心感谢他们领着我走过我的三年时光,传授知识,让我从懵懂无知的小丫头成长为亭亭玉立的少女。现如今我已经无法回忆起每一位老师的每一个细节,却仍然记得他们课堂上深入浅出的讲解,或整齐或龙飞凤舞的板书,或标准或夹杂着乡音的普通话,或脾气火爆或温柔耐心的劝导,一切一切。毋庸置疑的是,老师们都有着过硬的教学能力、殷切的关怀,以及真诚希望我们成长的为人师长的责任与担当。

不知道在哪里看过的文字,说步入社会才会知道中学时的同学情是最纯真、最值得珍惜的。这话虽然有些偏颇,毕竟我认为人生每一个阶段的朋友都是生命中不可或缺的,都值得我们珍惜和向往,但我仍然不能否认我的同学们带给我的那三年回忆仍然时不时回荡在我的心底,温暖、简单、热烈、真诚、炙热……值得一切美好的词汇。在校园的每一个角落:食堂、小卖部、操场、教学楼、宿舍楼,午休、熄灯前的嬉笑打闹、八卦聊天,课间课后的讨论交流,以及军训、运动会、大大小小的班级活动……是我的同学们朝夕相伴着我走过那段岁月。那样单纯而热烈的岁月和相伴的友情,永远值得我坚守和怀念。毕业十几年了,我的同学们也各奔东西了,我更是已经定居国外,但我仍然时常与他们联系,像家人一般,每逢回家或去同学所在的城市,总得约着一起吃个饭,叙叙旧。时间和距离从不曾使我们陌生,只因那曾经共度的三年船山岁月。

初中三年,十二岁到十五岁,有太多太多关于船山,关于船山的老师,关于船山的同学的点点滴滴记忆。那段我们心中所念的岁月,不是一段枯燥乏味的时光,而是一种具体而可感的东西。当我站在人生的另一个渡口回望时,方才发现,我的初中时光是美好而充实的,值得永远镌刻在记忆中。

忆船山

谢鹏程

回首间,已毕业离开船山十三年了,毕业后我先后去了长沙、北京、深圳,每次回衡阳待的时间都不长。这些年仅偶尔去过华新的新校区看望老师,但再也没有回过待了三年的老校区,很多同学也没有了联系。趁着这次母校庆祝成立20周年的机会,重拾初中三年的欢乐时光,回忆当年的老师、同学和趣事。

那时,班主任张胜老师是一名刚走出校园的年轻教师,充满激情与活力。在教学上,张老师尽心尽责,努力让每位同学都理解并掌握每个知识点。在生活上,张老师关心大家的思想动态,引导大家树立学习目标并努力为之拼搏。三年下来,他的付出有了成效,中考时,同学们都取得了好成绩,大部分同学也成功升入了高中部。张老师不仅是良师,更是益友。他用亲身经历告诫我们高考选拔的严酷性,当年他就是因为高考估分不准和过于自信,导致他以两分之差与心仪的厦门大学失之交臂。他还会适当地给我们一些生活调剂,偶尔带我们到校外去改善一下伙食(当时老校区是封闭式管理,住校生不让出校门)。

各位任课老师也各有特点。英语老师熊红梅是一位十分敬业的授业者。她本人心脏有一些问题,曾因心跳过速而被送入医院抢救。但她仍然带着病体,常年奋战在紧张的初三毕业班的教学一线。熊老师有着丰富的英语教学经验,经过她一年的努力,我们班的英语成绩有了显著提升。物理老师周慧颖长得酷似著名的喜剧人物——憨豆先生,因而自带幽默感,并获得了一个别号"憨豆"。在教学上,他因材施教。大班教学时,他会按部就班地讲授基础的初中物理知识。针对我们几个接受能力较强的学生,他会给我们讲解一些更深奥的物理原理,帮我们建立更清晰的物理学框架,增加我们对物理课程的兴趣。生物老师吴红娟对于课本知识烂熟于心，课堂上随时可以指出某个知识点具体在教材的哪一页。这一点让大家十分佩服。

……

初中时期的同学情，简单而纯粹。学生时代，最主要的任务是学习。感谢初中三年各位任课老师的辛勤付出，是你们不辞辛劳传道授业，引领我成长。还要感谢李雄峰、刘建军、王济铭、欧召青、王通等同学，通过相互交流与竞争，形成了你追我赶的良性循环，督促着我持续努力。合理的竞争能增加学习的紧迫感，有利于提升学习效率。有了老师的言传身教及同学间的合理竞争，我在年级中的排名稳步上升，从一开始的30～50名，到后来稳定在前十名。偶尔潜能大爆发，我还能考进前五名。可遗憾的是，直到毕业我也未能打破崔志权、李昊坤和周翔三人对年级前三名的"垄断"局面。

十三年过去了，脑海中对于船山的印象已不那么清晰，对往事也仅有零星的记忆，但无法忘记的是母校的悉心栽培。虽然在船山学习的时间只有短短的三年，但这三年是人生的重要时刻。在这期间，我养成了良好的学习习惯，树立了积极乐观的心态，建立了自信，为之后的学习和生活乃至工作奠定了基石。

感恩母校，衷心祝愿您蒸蒸日上，灿烂辉煌，创造属于您的奇迹！